W0266120

Pardon d'avoir survécu

Du même auteur

Éloge de l'irrévérence, avec Richard Malka,
Grasset, 2019.

L'homme qui voulait être aimé, avec Vanessa Schneider,
Grasset, 2021.

Georges Kiejman

Pardon d'avoir survécu

récit

Flammarion/INA

Cet entretien, mené par Antoine Vitkine,
a eu lieu le 9 mars 2006, dans le cadre de la collection
« Mémoires de la Shoah »,
initiée par La Fondation pour la Mémoire de la Shoah
et l'Institut national de l'audiovisuel.

Au début de l'année 2023, Georges Kiejman a accepté
de faire de ce témoignage un livre,
a relu et corrigé intégralement le texte, tout en partageant
ses photos et ses archives personnelles.

© Flammarion/INA, 2023.
ISBN : 978-2-0804-2963-6

Avant-propos

Ce livre est publié à titre posthume. Notre père, Georges Kiejman, est décédé le 9 mai 2023 chez lui à Paris à l'âge de quatre-vingt-dix ans. Sa disparition récente nous rappelle que les témoins directs de la Shoah sont de plus en plus rares, et qu'il nous appartient désormais de transmettre leur histoire, de faire vivre les noms des victimes et des justes qui les ont protégés.

Nous sommes très reconnaissants à l'INA et à La Fondation pour la Mémoire de la Shoah d'avoir initié cette collecte de témoignages qui constituent un éclairage inestimable sur la déportation des Juifs de France. Nous remercions également Flammarion de poursuivre cette œuvre en diffusant par écrit leurs récits.

Pour notre grand-père Alter, assassiné à Auschwitz, pour notre tante Liliane, revenue miraculeusement de déportation, pour notre père Georges, qui a dû se construire sans le sien, pour tous les disparus, nous nous souviendrons.

Et transmettrons à notre tour, non pas seulement un devoir de mémoire, mais aussi de vigilance et de solidarité, pour que jamais cela ne puisse se reproduire.

Pauline, Camille et Gaspard Kiejman

Préface

Lorsque la Fondation pour la Mémoire de la Shoah lui avait proposé de recueillir son témoignage, Georges Kiejman avait d'abord refusé. Non pas par coquetterie. Il ne se sentait tout simplement pas légitime de figurer aux côtés de ceux qui avaient côtoyé l'horreur de près, qui étaient sortis de l'enfer des camps, qui avaient vu des proches s'éteindre dans leurs bras, dévorés par la faim, les mauvais traitements et les maladies. Il n'avait pas été traqué, il n'avait pas été déporté, il n'avait même pas eu à porter l'étoile jaune. Il se souvenait de ses années dans le Berry où il avait trouvé refuge comme d'une succession d'événements inconfortables mais plutôt heureux auxquels il s'était adapté avec aisance grâce à une mère protectrice et débrouillarde. Il n'avait pas eu faim, guère eu froid, il n'avait pas connu les trains de marchandises, la terreur et l'opprobre, il avait vécu dans l'ignorance des fracas de l'Histoire. Il n'avait pas été battu, il n'avait pas été humilié, à peine se rappelait-il avoir fait l'objet de quelques insultes antisémites.

Georges Kiejman ne se considérait pas comme une victime et il aurait jugé indécent de prétendre l'être. Il a fallu beaucoup d'insistance de la part de la Fondation pour qu'il accepte de participer à l'entretien publié dans ces pages. En hommage à sa sœur déportée, à son père mort dans les camps, ne serait-ce que pour eux, et en mémoire de tous les autres, il accepta finalement de livrer ses souvenirs d'enfant et d'une guerre à laquelle il reconnaissait volontiers n'avoir pas compris grand-chose sur le moment.

Être juif constituait pour le gamin qu'il était, né à Paris en 1932 dans la misère et le manque absolu de tout, une notion des plus floues. Le danger à l'être l'était tout autant. Dans la famille de Georges Kiejman, on ne parlait pas. Ni d'histoire, ni des origines, ni de religion, ni de sentiments. Par manque de culture, de connaissances, par tempérament, par pudeur également. Il savait donc très peu de choses sur la vie qu'avaient menée ses parents avant leur arrivée en France, et en était réduit à des déductions et des suppositions lorsqu'on l'interrogeait. Quelques dates ponctuaient néanmoins de façon certaine sa biographie. Un départ de la Pologne pour Paris en 1931, avec deux filles, Dwora, rebaptisée Luce, née en 1919 et Saloméa rebaptisée Liliane, née en 1921. Un fils David, décédé trop jeune, puis Georges, le petit dernier, né en France un an après leur installation.

Ses parents se séparent un peu plus tard, ce qui lui fera dire avec la malice qui le caractérisait qu'il fut sans doute « la dernière occasion de rapprochement de [ses] parents ». De sa toute petite enfance, il ne gardait aucun souvenir du contexte politique qui agitait la France tant le foyer qu'il occupait avec sa mère était entièrement tourné vers la lutte pour la survie. Trouver de l'argent, de quoi manger, de quoi se vêtir était au cœur des préoccupations de cette femme abandonnée par un mari volage et profondément triste. De son père adulé qu'il voyait régulièrement, Georges Kiejman avait l'image d'un homme flamboyant, séducteur, qui lui donna le goût des femmes.

La religion était totalement absente de son éducation tant du côté paternel que maternel. Sa mère, analphabète, avait pour seule pratique quelques prières qu'elle marmonnait de façon inintelligible, mêlées à des superstitions qui agaçaient son fils.

Georges comprit qu'il était juif dans le regard des autres ; d'abord au pensionnat pendant la guerre quand il s'aperçut que son sexe circoncis différait de celui de ses camarades de chambrée, puis lorsque sa mère fut sommée de prouver au tribunal de Saint-Amand-Montrond qu'elle était certes polonaise mais en aucun cas juive.

De la déclaration de guerre, Georges Kiejman n'a gardé aucun souvenir. Il n'avait que sept ans et dans le milieu pauvre qui était le sien on ne lisait pas les journaux, on ne commentait guère les actualités, de sorte qu'il apprit bien plus tard les persécutions envers les Juifs. Pour lui, comme pour une grande majorité de Français, cette période du début de la guerre fut surtout marquée par une grande confusion faite d'exodes, de séparations, de déchirements, de déménagements brutaux et de pertes indélébiles. Son père s'étant engagé dans l'armée française, sa mère put bénéficier de places dans un train spécial pour quitter Paris. C'est ainsi qu'il se retrouva dans le Berry où il passa presque toute la guerre dans le village de Loye-sur-Arnon dans des conditions très frustes, mais qui lui permettront d'une part d'avoir la vie sauve et d'autre part d'acquérir une éducation que sa mère aurait été incapable de lui donner seule. Ayant rejoint son père démobilisé près de Toulouse au début de la guerre, il passa quelques mois chez les jésuites auprès desquels il devint brièvement enfant de chœur, si bien que la seule éducation religieuse qu'il reçut fut une éducation catholique, ce qui amusait cet esprit libre.

Lors de ses années berrichonnes, il fit des rencontres fondamentales en la personne d'un instituteur, Maurice Renon, puis du principal du collège Louis Gallas qui ont cru en ses capacités intellectuelles. Il se sentait si bien dans cette région qu'il décida de ne pas suivre sa mère à Paris à la fin de la guerre et de ne la rejoindre que deux ans plus tard. Des années après, pour désarçonner ses adversaires lors de certaines plaidoiries, il lançait avec un regard amusé : « En tant que Juif berrichon, je peux vous dire que… »

C'est rétrospectivement, et trop tardivement à son goût, qu'il comprit ce que sa mère avait entrepris pour le protéger, la bravoure dont elle avait fait preuve, les risques qu'elle avait encourus, la chance qu'ils avaient eue tous les deux de ne pas se retrouver raflés comme son père et sa sœur Liliane près de Toulouse. À chaque fois qu'ils furent en danger, devant ce tribunal de Saint-Amand-Montrond pour défaut de déclaration de judaïté par exemple, Brandla, qui se faisait appeler Berthe en France, déploya des trésors d'ingéniosité pour convaincre les juges dans son mauvais français de leur méprise. En juillet 1944, alors que le débarquement allié en Normandie avait eu lieu, elle eut vent de possibles représailles et fit rapatrier Georges du pensionnat dans la carriole du facteur. L'autre garçon juif du lycée, Marcel Walewik, âgé de seize ans fut malheureusement arrêté et jeté dans les puits de Guerry.

C'est dans le Berry que le jeune Georges apprit que son père et sa sœur avaient été arrêtés près de Toulouse. Le petit ami de cette dernière avait fait le chemin pour les prévenir et leur apporter quelques-uns de leurs effets personnels. « Je faisais des vœux sur le retour de mon père à chaque étoile filante qui passait dans le ciel. », nous racontera-t-il, des années plus tard. En mai 1945, lorsque avec sa mère et sa sœur Luce ils retrouvèrent Liliane à l'hôtel Lutetia, à Paris où arrivaient les rares déportés encore vivants, il était convaincu que son père avait lui aussi survécu. Étant plus costaud qu'elle, il s'en était forcément sorti, imaginait le jeune garçon. Il sut longtemps après que son père avait été gazé dès son arrivée au camp d'Auschwitz-Birkenau en 1943. Trop fatigué, il s'était porté volontaire pour monter dans les camions de la mort. Jusqu'à la fin de sa vie, Georges Kiejman dira n'avoir pas passé une seule journée sans penser à son père.

Il se définissait comme « profondément laïc », il ne se rendait pas à la synagogue, ne respectait aucune règle religieuse, mais se sentait « profondément juif ». Il entendait par là qu'il avait « une solidarité totale et perpétuelle » à l'égard du peuple juif. « Je serai toujours du côté des Juifs. La création de l'État d'Israël a été une divine surprise même si je n'ai jamais eu l'envie de m'y installer. Je trouvais merveilleux qu'il existe un pays où les Juifs puissent se réfugier », nous expliquait-il, tout en assurant n'avoir jamais été victime d'antisémitisme. S'il avait enlevé un « z » à son nom de famille au moment de devenir avocat, c'était par simple commodité d'usage, précisait-il.

S'il a traversé la guerre dans une forme de naïveté due à son jeune âge et à l'inculture familiale, il fut horrifié, plus tard, de découvrir à quel point il devait la vie « à une succession de hasards ». Si son père ne l'avait pas ramené à sa mère dans le Berry après son séjour toulousain, il aurait à coup sûr été déporté et assassiné avec lui.

« Pardon d'avoir survécu. » Lorsqu'il traça ces mots sur le livre d'or d'Auschwitz, il ne les avait pas préparés. Cette courte phrase est sortie malgré lui de sa plume et il fut surpris d'apprendre n'avoir pas été le seul à l'avoir écrite. Ce sont les paroles de toutes les culpabilités enfouies, celle d'avoir échappé à l'innommable, celle d'avoir pu néanmoins jouir de la vie tout en sachant ce que la barbarie humaine avait pu produire de pire, celle de ne pas avoir toujours voulu savoir, celle de ne pas avoir forcément su transmettre.

Georges Kiejman reconnaissait aisément n'avoir « jamais pu » interroger sa sœur Liliane sur ce qu'elle avait vécu dans les camps. Celle-ci avait pourtant enregistré un récit de ses mémoires qu'il n'était pas parvenu à écouter. Il s'en voulait profondément. Comme il regrettait de ne pas lui avoir posé certaines questions de son vivant, comme celle, cruciale à ses yeux, de savoir si elle avait été arrêtée par la police française ou par les Allemands. « Au fond, j'ai fui toutes les occasions d'être confronté à une émotion profonde sur ce sujet », nous disait-il avec honnêteté.

Le grand avocat a toujours fui les commémorations et les rendez-vous organisés par les associations des victimes de la Shoah. Certains murmuraient que c'était par désintérêt ou par arrogance, d'autres dénonçaient une dureté inhérente à sa personnalité et qui affleurait parfois dans les prétoires. C'était pourtant tout l'inverse. S'il évitait ces moments, c'est parce que ce colosse des cours d'assises se transformait « en fontaine de larmes » dès qu'il se retrouvait en situation d'évoquer cette période atroce. Il s'était lui-même surpris à se retrouver brisé d'émotion comme à Yad Vashem en Israël en visitant le monument aux victimes de la Shoah avec sa fille aînée Pauline.

Pendant cet entretien accordé au Mémorial, il dut s'arrêter à plusieurs reprises, submergé par l'émotion et le chagrin.

C'est pour cette raison qu'il ne se remit jamais de l'attaque de Serge Klarsfeld à son égard alors qu'il était ministre délégué à la Justice à propos de René Bousquet, ancien secrétaire général de la police de Vichy, passé entre les mailles du filet à la Libération puis devenu homme d'affaires proche de François Mitterrand, jusqu'à ce que son passé sulfureux ne ressorte et qu'une instruction judiciaire soit ouverte au milieu des années 1990. Interrogé par un journaliste au retour d'un déplacement alors qu'il n'était pas au fait du dossier, Kiejman eut une phrase malheureuse expliquant en substance qu'un procès des années après n'était pas forcément la meilleure solution. La phrase suscita un tollé et Serge Klarsfeld, président de l'association des Fils et filles de déportés juifs de France, se paya d'un bon mot : « On a fait venir au ministère de la Justice un fils de déporté juif, Robert Badinter, pour juger Barbie et on en a fait venir un autre pour qu'on ne juge pas Bousquet, Georges Kiejman. » « J'ai vécu cette accusation comme une effroyable injustice », nous confiait l'ancien avocat trente ans après, jurant encore sur la mémoire de son père n'être jamais intervenu et ignorer tout à l'époque du curriculum vitæ nauséabond de Bousquet pendant la guerre. Cette attaque, de la part d'un homme dont il admirait par ailleurs l'engagement sans faille, était, assurait-il, la plus féroce qu'il eut jamais à subir dans sa vie politique.

Ce 13 novembre 1994, invité pour se défendre au journal de France 2, sa voix résonnait d'une colère sourde : « Il n'y a pas que maître Klarsfeld qui a le monopole de la fidélité à la mémoire de nos morts, je l'ai aussi. » Sans doute ne s'était-il jamais senti aussi juif que ce jour-là.

Vanessa Schneider,
co-autrice avec Georges Kiejman
de *L'homme qui voulait être aimé*, Grasset, 2021.

Heureux comme Dieu en France

Je suis né en 1932 à Paris, dans une famille juive originaire de Pologne, un an après l'arrivée de mes parents et de mes deux sœurs plus âgées que moi et nées en Pologne. Pourquoi sont-ils venus s'installer en France ? Je ne pense pas qu'ils m'en aient parlé. Mais je suppose que c'était à la fois une nécessité économique et aussi l'envie de vivre dans une société beaucoup plus libre. Même dans les années trente, le souvenir des pogroms était assez fort en Pologne, en Ukraine, dans beaucoup de pays de l'Est européen. Et on disait dans ces milieux-là qu'on pouvait être « heureux comme Dieu en France ». C'est une image du bonheur et de la liberté sûrement, la France.

En ce qui concerne mon père, mes souvenirs sont un peu confus. Je l'ai évidemment connu pendant quelques années. Il avait sur moi une influence magique. Mais mes parents se sont séparés peu de temps après ma naissance. Ils n'étaient pourtant pas des bourgeois. Et les séparations, même dans les milieux populaires, peuvent être très orageuses. Mon père s'est assez bien adapté à la société française. Ma mère, pour un tas de raisons, n'avait aucune formation professionnelle, aucune instruction même élémentaire : elle ne savait pas lire ni écrire. Ce qui ne l'empêche pas, d'ailleurs, d'avoir une certaine distinction et une forme de beauté physique qui, sans doute, avaient séduit mon père autrefois. En tout cas, il l'a abandonnée. Et, curieusement, aucun de ses enfants, ni mes deux sœurs ni moi, ne semble lui en avoir voulu. Mon père était le magicien. On était absolument confondus d'admiration pour lui. Il se prenait un peu, à mon avis, pour Jules Berry [1]. Il en imitait les vêtements, les tics, la manière de fumer. Il était très séducteur et très séduisant. Petit garçon, quand je lui étais confié à l'occasion des week-ends, j'avais parfois la possibilité, grâce à lui, de rencontrer des jeunes femmes blondes parfumées qui, même à cinq ans, me plaisaient beaucoup.

---

1. Jules Berry était l'un des plus grands acteurs du cinéma français de l'époque. Fantasque et extravagant, on le connaît pour ses rôles dans *Le Crime de Monsieur Lange* de Jean Renoir et dans *Les Visiteurs du soir* de Marcel Carné.

Ma mère a, sûrement, beaucoup souffert de cette séparation, de cet abandon qui, encore une fois, n'était probablement pas à l'honneur de mon père, mais que nous avons vécu quand même en lui donnant implicitement raison. Elle était toujours très préoccupée, très pessimiste. Évidemment, ça ne s'arrangerait pas avec la guerre. Et il est possible, un psychiatre m'a dit ça en l'examinant, trente ans plus tard, qu'elle ait souffert je ne dirais pas d'une forme d'aliénation mentale, mais plutôt de certains troubles qui se sont révélés bien après. C'était quelqu'un de très terre à terre qui, dans les périodes de difficultés, m'a protégé de toutes les manières, contre la faim et le froid notamment. Mais ce n'était pas une personne très affectueuse, elle n'exprimait pas beaucoup ses sentiments. Donc, à la fois, elle assurait l'essentiel et elle me laissait sûrement dans un certain degré de frustration affective.

Un petit Bellevillois

J'ai vécu avec mes deux parents quai de Valmy, dans un appartement assez grand donnant sur une cour. Je me rappelle un incendie où l'on jetait par les fenêtres des matelas. Par la suite, dans l'immédiat avant-guerre, j'ai vécu avec ma mère dans des conditions assez précaires et, finalement, dans une pièce qui ne me paraissait pas si petite quand j'avais cinq ans, mais que j'ai retrouvée après-guerre, dans une espèce d'hôtel aménagé en immeuble d'habitation où rien n'avait changé. C'étaient des conditions de vie assez rudimentaires. Mon père venait nous rendre visite. Il y avait parfois, même souvent, des éclats de voix. Mais, bon, quand on a entre cinq et six ans, on ne dramatise pas.

J'ai quelques souvenirs de Belleville, où j'ai grandi. J'allais à l'école maternelle du boulevard de Belleville. Il y avait encore, tout près, un cinéma où il m'arrivait d'aller parfois avec mes sœurs. Et j'ai sûrement été confronté là, sans que je dramatise, à une forme d'antisémitisme populaire qui existait à cette époque. On appelait les Juifs, les youpins. Sur les murs, on lisait « les youtres en Palestine », ce qui, aujourd'hui, apparaîtrait comme presque comique puisqu'on leur reproche d'y être. Je n'ai pas le souvenir d'en avoir souffert quand j'étais petit. Ce sont des images, des constats, des graffitis sur les murs. Je suis sûr que je ne les ai pas inventés. D'ailleurs, un autre de mes souvenirs fragmentaires de cette époque est d'avoir été envoyé dans une colonie de vacances dite « des Rothschild », sans doute financée par eux. Et je m'y suis si peu plu que je suis immédiatement tombé malade et qu'on m'a rapatrié dans ma famille. Alors, aujourd'hui, il m'arrive de croiser parfois tel ou tel Rothschild, et ça m'amuse toujours cette espèce de raccourci, en une vie, du petit colonisé, si je peux dire, au commensal.

Encore maintenant, j'ai du mal à démêler ce qui, dans mon enfance, relève de la vie d'un petit Juif et de celle d'un petit pauvre. Les choses vont évidemment changer avec la guerre. Dans la première partie de mon enfance, je suis plus démuni, mais il ne faut pas exagérer cette pauvreté avant-guerre. Malgré tout, mon père subvient en grande partie aux besoins de ma mère et aux miens. Je n'ai jamais faim, jamais froid. Je ne me sens pas menacé pendant cette période de la petite enfance. Mes sœurs travaillent. À vrai dire, je ne me sens pas comme un petit Juif. Je suis un petit Bellevillois. Voilà.

Le judaïsme, la politique

Les rapports de ma mère et de mon père avec le judaïsme sont assez différents. Lui a reçu une petite éducation religieuse, une petite instruction élémentaire tout court dont il tire, d'ailleurs, un maximum. Il est plutôt sceptique, pas irrespectueux mais sceptique. C'est ce que je ressens confusément. Ma mère, par contre, a une religiosité toute d'instinct puisqu'elle ne peut faire que semblant de lire son livre de prières. Elle ne sait vraiment lire dans aucune langue que ce soit l'hébreu, le yiddish, le français. Mais elle se frappe la poitrine. Elle est assez mélodramatique. Elle entretient avec la religion un lien très fort mais, évidemment, obscur.

Je n'ai pas souvenir que mon père ait des engagements politiques, ni d'une quelconque conversation de mon père ou de ma mère sur les menaces, les dangers de l'époque. Je ne sais pas si, même dans les familles bourgeoises, on informait les enfants de moins de sept ans de ce qui se passait sur le plan international. Par la suite, ces dangers seront, je ne dirai pas « amplifiés » parce qu'ils étaient très grands, mais en tout cas, répercutés très violemment par ma mère. Mais à l'époque, non. Il n'y a pas de conversation dont j'ai le souvenir. Ce qui ne veut pas dire qu'il n'y en a pas eu pendant cette période.

En revanche, quand la guerre éclate, j'ai sept ans et mon père déjà un peu plus de quarante ans ; il n'est pas en très bonne santé, et il s'engage. Parce qu'il s'engage, au moment de l'exode, nous serons inclus dans un train où des familles de militaires sont envoyées vers le centre de la France. Et puis, il va être libéré assez vite pour des raisons médicales.

Le départ pour le Berry

La déclaration de guerre en 1939, en tant que telle, je n'en ai pas le souvenir. Mais c'est l'époque où on nous distribue les masques à gaz, où on nous demande de les essayer. La menace de la guerre se manifeste par des événements concrets comme ça : la distribution de masques à gaz, les répétitions pour aller dans les caves en cas d'alerte, des choses de ce genre.

Mon père s'engage donc, et ça me paraît, d'ailleurs, assez naturel. Mes sœurs, ma mère et moi partons dans le Berry. Dans un premier temps, pas encore dans ce petit village, cette commune de Loye-sur-Arnon où nous resterons plus tard, mais dans un hameau qui dépend administrativement de Loye et qui s'appelle Drulon. Et là, nous nous installons dans une sorte de grange vide, qu'on aménage avec des meubles de fortune qui remplacent peu à peu la paille sur laquelle on dort au début. Et on va vivre là, plus ou moins bien. J'y serai rejoint d'ailleurs par mes cousins, par René Urtreger [1], sa sœur, par d'autres qui passent.

À un moment donné, à une période que je ne peux dater avec précision, mon père nous envoie des laissez-passer pour réintégrer Paris, déjà occupé par les Allemands. Dans mon souvenir, la ligne de démarcation, sur le plan ferroviaire, passe à Vierzon [2]. Nous cédons les deux-trois meubles en bois blanc qui constituent notre fortune à ce moment-là. Nous montons dans le train vers Paris. Et, à Vierzon, un officier allemand nous annonce que nos laissez-passer sont périmés. Il nous refoule. Je me suis toujours posé des questions : nous a-t-il refoulés parce que, effectivement, nos laissez-passer étaient périmés ? Ou fait-il partie de ces Allemands assez conscients de la cause qu'ils servent et désireux d'en limiter les conséquences, et qui a, peut-être, le sentiment qu'il nous épargne beaucoup de malheurs en nous refoulant ? Je n'en sais rien. Je

1. René Urtreger, cousin de Georges Kiejman, est un pianiste et compositeur, prix Django-Reinhardt en 1960, qui a joué avec Miles Davis et Chet Baker.

2. Vierzon a été un lieu de passage important pour gagner la zone libre.

prête, peut-être, des idées romanesques à un officier qui n'en avait pas. Mais en tout cas, c'est vrai que ça nous évite de rentrer dans Paris occupé. On retourne donc à Loye-sur-Arnon. Mon père y passera. Et il me prendra d'ailleurs au passage pour m'emmener près de Toulouse. J'y resterai un ou deux ans, je ne peux pas le fixer avec beaucoup de précision. Ce qui me permet d'être envoyé, par lui, dans un collège de jésuites. Sur le plan éducatif, je suis quand même un élève des jésuites.

Un Juif berrichon

Et je suis un Juif berrichon, ce que je vais redevenir par la suite. Et ça va probablement me sauver la vie, encore que, sans le savoir, j'ai couru quelques périls même au cœur du Berry. Mon père, à un moment donné, sans doute parce que ma mère me réclame et qu'il ne sait pas trop quoi faire de moi, me ramène dans le Berry et me laisse à ma mère qui est alors installée dans une vie de paysanne à Loye-sur-Arnon. Elle va m'inscrire à l'école de la commune dont les deux instituteurs, M. et Mme Renon, ont deux enfants. L'un d'eux est d'ailleurs dans la classe où je serai. Un des premiers hommages que je pourrai rendre à la loyauté des instituteurs républicains, c'est que le petit Jacques Renon était le premier de sa classe jusqu'à ce que j'arrive. Ensuite, il a dû se résigner à être le deuxième parce que son père a estimé que j'étais meilleur que lui.

La présence allemande, j'aurai la chance de ne pas la rencontrer physiquement à ce moment-là, à l'exception de ce voyage qui s'arrête à Vierzon. Loye-sur-Arnon se situe un peu au sud de la ligne de démarcation. En 1943, je suis collégien à Saint-Amand-Montrond qui est le chef-lieu de l'arrondissement, Bourges étant, dans mon souvenir, en zone occupée. Je n'en suis pas complètement sûr… mais il me semble bien que Saint-Amand ne l'est pas. Enfin, la ligne de démarcation passe très près [1]. Là, je verrai les miliciens. Mais des uniformes allemands, je n'en verrai pas car il faut préciser que Loye-sur-Arnon, où bientôt ma mère et moi serons les seuls réfugiés, se trouve à l'écart de toutes les routes. Si les Allemands ou des miliciens étaient passés dans le village, je peux me tromper, mais il me semble que je pourrais identifier ceux qui auraient dit où ma mère et moi étions logés et ceux qui auraient, au contraire, essayé de le dissimuler.

---

1. La ligne de démarcation passait en effet entre Bourges, en zone occupée, et Saint-Amand-Montrond, en zone non occupée, plus précisément aux alentours du village de Trouy.

Les mesures antijuives

En 1940, quand sont prises les premières mesures antijuives, j'ai huit ans. Là encore, je ne crois pas avoir entendu parler du premier statut des Juifs qu'on est en droit de reprocher au maréchal Pétain, et à lui personnellement – contrairement à ce que l'on feint parfois de croire, c'est-à-dire qu'il subissait, qu'il était inattentif. Bon, le statut des Juifs, un petit garçon de huit ans ne le perçoit pas directement. C'est l'occasion, d'ailleurs, de souligner que le degré d'information des Juifs sur ce qui est en train de se mettre en place est très différent selon qu'on appartient à une famille bourgeoise, juive française, très informée ou à une famille d'immigrés avec une éducation quand même limitée et qui ne perçoit ça que confusément. Je pense que, au début, les familles juives n'ont pas compris qu'il y avait là une vraie menace.

Il y avait une vraie confiance en la France ; on a cru peut-être que c'était une concession faite aux Allemands mais qu'il n'y avait pas lieu de s'inquiéter. En tout cas, pendant la période où je vivais près de Toulouse, je n'ai pas vu mon père particulièrement inquiet. Il ne comprenait pas la gravité de ce qui se tramait, du moins me semble-t-il.

Un enfant presque comme les autres

Me mettre comme interne chez les jésuites dans le Gers à neuf ans, c'était sûrement, pour lui, à la fois l'assurance de donner une éducation à ce petit garçon qui l'embarrassait peut-être, et une forme de protection. Mais je ne sais pas s'il ressentait à ce point, en 1941 en tout cas, cette protection comme vraiment nécessaire.

Au collège Saint-Nicolas à Gimont, j'avais un statut un peu particulier parce que je n'étais pas baptisé. Mais personne n'a rien fait pour que je le sois. Et en même temps, j'étais affecté au service de la messe d'un des professeurs. Je crois que c'était le chanoine Marbeuf. Il n'y avait pas que des jésuites, mais également des prêtres séculiers. Il semble que ça soit une de mes vocations à cette époque. J'en suis très fier parce que les enfants de chœur ont un véritable statut. Ils ont des soutanes rouges, des soutanes violettes selon les circonstances. Je suis admis au patronage des filles. Ce qui prouve la confiance que me font les bonnes sœurs. Et ça ne me posait, à l'époque, aucun problème, si bien que plus tard quand je serai à Loye-sur-Arnon, le curé trouvera tout naturel de m'utiliser comme enfant de chœur jusqu'à ce que le châtelain local lui fasse observer que, selon lui, ce n'était pas correct et qu'on me prive du service de la messe auquel j'étais parfaitement rompu.

Je me souviens de dialogues très, très confiants avec mon père. Il n'avait jamais d'argent devant lui. Mais il se comportait toujours comme s'il en avait. Tout ce qui touche à son métier, à son mode de vie est, pour moi, aussi mystérieux, que peuvent l'être les activités du père de Patrick Modiano quand il les évoque [1]. Nous logions dans une maison confortable. Avec mon père, c'était toujours plus confortable qu'avec ma mère où c'était toujours très, très rudimentaire et très pauvre. Et les souvenirs que j'ai de cette époque n'ont rien de politique. Ce sont les premières amours de mes sœurs, plus âgées que moi, qui, parfois, me

1. Notamment dans *La Place de l'étoile* (Gallimard, 1968), *La Ronde de nuit* (Gallimard, 1969), *Un pedigree* (Gallimard, 2005)…

donnent un franc ou deux pour que j'aille déposer une lettre à la poste ou entre les mains d'un amoureux. C'est un livre avec des planches anatomiques que j'ai dérobé dans une armoire de bibliothèque, puis apporté à l'école. Il a été confisqué par un instituteur et m'a valu de vifs reproches. Ce sont des souvenirs de petit garçon presque comme les autres, quoi.

Un corps étranger au village

En raison du désaccord de mes parents, je suis habitué à un certain désordre. Donc, disons que c'est un désordre qui s'amplifie. Quand je serai reconduit dans le Berry, que je vivrai dans ce tout petit village avec ma mère, je mènerai la vie des petits paysans tout en étant très différent d'eux, ce qu'ils ne manquent pas de souligner : « Parisien, tête de chien », « Parigot, tête de veau »... On a entendu ce genre de réflexions évoquées dans des films, ceux de mon ami Claude Berri [1] ou d'autres. À leurs yeux, je suis d'abord ça : un corps étranger au village.

Mais, à partir du moment où je suis ramené à ma mère, je reste avec elle. Je mène donc moi-même la vie d'un petit paysan. Cette existence a

1. Claude Berri (1934-2009), de son vrai nom Claude Langmann, partageait les mêmes origines juives polonaises par son père.

des aspects qui me plaisent encore aujourd'hui. Je me rappelle comment on plante les pommes de terre, comment on récolte le blé. J'aide au moment où on bat le blé. Je conduis l'âne qui va chercher de l'eau à la rivière pour alimenter la locomobile de la batteuse. Je mène une vie de petit paysan assez séduit par ce mode de vie, encore une fois très, très rudimentaire. Je pense qu'à l'école communale, on ne me le fait pas sentir grâce, justement, à la présence protectrice de M. Renon, mon instituteur. On ne me fait pas sentir une condition très, très différente. Je suis vécu plus comme étranger parisien, peut-être comme petit Juif. Bon. Alors, peut-être, oui, qu'on déforme un peu mon nom… Je n'ai pas vraiment souffert. J'étais parfois un peu humilié parce que c'est l'âge où chacun se montre sa quéquette. Et la mienne n'est pas comme celle des autres. Bon. Alors, ça les fait rigoler. Mais enfin, ça ne va pas jusqu'à la brimade. Je pourrais dire que j'étais presque un petit paysan heureux.

Quant à ma mère, elle reçoit certainement des informations qui l'inquiètent. D'abord, parce que, à un moment donné, on apprendra que mon père a été arrêté, que ma sœur a été arrêtée, en des endroits différents. On recevra les affaires de ma sœur envoyées par celui qu'on aurait pu qualifier de fiancé de l'époque. Ma mère se battra la poitrine plus fort que jamais dans notre maisonnette, très, très rudimentaire, sans eau, sans électricité. On va chercher l'eau au puits. On est éclairé par une lampe à pétrole. Et on a des tickets de rationnement pour avoir ce pétrole nécessaire. Là, ma mère, qui était quelqu'un de très mélodramatique, va répercuter quand même la menace. Mais j'ai dix ans, et je ne dis pas que je la comprends forcément.

La vie sauve

À ce moment-là, il se produit un événement très important qui, une fois de plus, va me conduire à avoir la vie sauve. D'abord, quand ils ont été arrêtés, je n'étais ni avec mon père ni avec ma sœur cadette, enfin, cadette par rapport à une sœur aînée. Sinon, j'aurais été, sans aucun doute, arrêté à ce moment-là aussi et directement conduit à la chambre à gaz.

Plus tard, dans le Berry, je vais également, sans le savoir, échapper à quelque chose de très grave. Qu'est-ce qui se passe ? Deux gendarmes représentent l'autorité à Loye-sur-Arnon ; ils viennent du chef-lieu de canton Saulzais-le-Potier. Ils ne sont pas désagréables du tout et tournent même autour de ma mère, d'une manière qui m'est à moi désagréable parce que je n'aime pas cette insistance masculine à remarquer que, après tout, c'est une assez jolie femme, même si elle est assez fruste de comportement. Et ils lui dressent un procès-verbal parce que, en vertu d'une des nombreuses lois antisémites de Vichy, elle aurait dû faire une déclaration précisant sa qualité de juive et celle de son fils. Et elle aurait dû faire apposer la mention « Juif » sur sa carte de rationnement et sur sa carte d'identité. Or, elle ne l'a pas fait. On lui dresse donc un procès-verbal. Et ce procès-verbal suit son chemin jusqu'au tribunal de Saint-Amand-Montrond.

Un jour, elle est convoquée et elle décide de m'emmener, d'ailleurs assez curieusement. On monte dans une carriole. Pour moi, c'est un événement qui vient rompre la monotonie du quotidien. On va au tribunal, un tribunal avec trois juges, un vrai tribunal de grande instance, comme je le comprendrai plus tard. Là, elle me laisse au fond de la salle en me disant que s'il lui arrive quelque chose, je dois courir. Courir où ? Elle ne me le dit pas. Elle aurait peut-être mieux fait de ne pas m'emmener, je n'en sais rien. En tout cas, elle avance vers le tribunal et, dans un français, je dois dire, quand même très approximatif, elle explique que son nom de jeune fille, ça n'est pas Kiejman, que c'est « Czarnecka », que c'est un nom très aristocratique. Enfin, elle ne dit pas « aristocratique », c'est un mot qu'elle ne connaît pas. Mais elle dit que c'est la noblesse en Pologne. Elle exagère parce que « Czarnecka » veut tout simplement dire « noiraude », comme je l'apprendrai par la suite. Mais enfin, ça sonne bien à l'oreille et elle affirme qu'elle n'est pas juive. Elle le dit carrément. Elle précise que son mari est libre-penseur. Est-ce que, dans son esprit, ça veut dire franc-maçon ou autre chose ? En tout cas, elle dénie absolument l'évidence. Et, là…

Nous avons cette chance d'être devant un tribunal qui se concerte sur le siège, une expression que j'apprendrai encore beaucoup plus tard, et qui dit que le délit ne semble pas constitué. Relaxe. À l'époque, je ne connaissais pas le mot « relaxer ». Mais les gens autour d'elle lui disent : « Vous pouvez partir, madame. Vous êtes… » Peut-être qu'on lui a dit : « Vous êtes acquittée. » Je n'en sais rien. C'est un événement très important : puisqu'elle n'a pas été condamnée par le tribunal, c'est qu'elle n'avait pas à faire cette déclaration. Donc elle n'est pas juive.

Plus d'un an plus tard, en 1944, il se produit un événement très, très grave : dans une mesure de représailles, les miliciens arrêtent tous les Juifs répertoriés dans la région, y compris un de mes camarades de collège, car, entre-temps, j'ai intégré la sixième au collège de Saint-Amand-Montrond.

De protégé de l'instituteur, M. Renon, je suis devenu le protégé du principal, M. Galas [1]. Il faut quand même rappeler ce courage et, vraiment, cette loyauté de tous ces enseignants de l'époque. On arrête donc tous les Juifs répertoriés, y compris, encore une fois, un garçon qui, avec moi, est le seul interne juif du collège. Je me souviens de leurs noms : Marcel Walewik et deux autres adolescents de seize ans, Colette Strauss et Sylvain Davidovici. Et ils sont jetés, près de Bourges, dans les puits de Guerry [2]. Plusieurs dizaines d'entre eux meurent là. Si nous avions été répertoriés, il est probable qu'on serait venu nous chercher. J'ai échappé à la mort à ce moment-là pour la deuxième fois, sans m'en rendre compte encore une fois. Beaucoup des détails de cette époque, bizarrement, me sont connus grâce à la lecture d'un petit livre très précis, qu'a écrit le linguiste Todorov, qui s'appelle *Une tragédie française* [3], et où il a voulu raconter comment une petite ville banale réagit à une situation qui ne l'est pas.

---

1. Louis Galas.

2. Les massacres des puits de Guerry à Savigny-en-Septaine, dans le Cher, ont eu lieu les 24, 26 juillet et 8 août 1944.

3. Tzvetan Todorov, *Une tragédie française, été 1944 : scènes de guerre civile*, Seuil, 1994.

Un village français

Dans le village où nous vivions, tout le monde savait que ma mère et moi étions juifs. D'ailleurs, le fait que le châtelain, M. Dufier, soit intervenu auprès du curé pour lui demander que je ne serve plus la messe… Bon. Si je n'avais pas été juif, j'aurais été baptisé. J'aurais été comme tout le monde, on peut dire. Personne n'a jamais pris sa plume pour une dénonciation anonyme. Mais je ne sais pas ce qui se serait passé si les représentants de l'ordre, comme on le disait à l'époque, s'étaient manifestés dans mon village. Les gens ont été plutôt gentils avec moi. Il y a une buraliste, Mme Denoix, dont le magasin sert à vendre un peu de tout, des chandelles, du pétrole, des mauvais biscuits. Il y a une auberge, l'auberge du Cheval blanc tenue par Mme Digonin. Là, je vais découvrir des livres dans une caisse parce que je suis un des rares petits garçons, évidemment, qui, dans le village, est toujours à la recherche de livres. C'est assez amusant parce que ça frappe beaucoup plus un enfant que, évidemment, des événements qui sont relativement lointains et extérieurs. Je découvre un petit peu les mystères, par exemple, de la sexualité à travers les romans d'un écrivain suisse, dont je ne savais pas, à l'époque, qu'il est suisse, qui s'appelle Louis Dumur [1]. Les romans s'appellent *Nach Paris !*, *Le Kronprinz*. Ça raconte la guerre de 14-18. Je suis toujours pris entre mes sentiments patriotiques français qui sont très forts et la volonté de découvrir tout ce que font ces jeunes officiers allemands qui occupent la France entre 1914 et 1918. C'est ça, ce qui marque la vie d'un enfant.

Même le choc, quand même, qu'a représenté l'arrestation de ma sœur, je n'en ai pas compris la gravité. J'ai cru qu'elle allait revenir. Ma mère imaginait le pire, mais nous étions si peu informés… Ma mère était terrifiée par une arrestation possible par les Allemands. Mais ça ne rentre pas dans une explication détaillée. Il ne faut pas être

1. Louis Dumur (1863-1933) était un écrivain suisse romand qui a fait l'essentiel de sa carrière au Mercure de France.

arrêté. Il faut échapper à l'arrestation. Je la revois non seulement se frappant la poitrine, faisant des prières, mais aussi persuadée qu'il y a un danger que je m'entête à ne pas vouloir comprendre étant enfant.

L'arrestation et la déportation

Mon père et ma sœur, restés à Toulouse, ont été arrêtés. Ma sœur aînée, qui était cachée sous un faux nom dans une autre ville, a dû l'apprendre. Elle a essayé de nous venir en aide en nous envoyant un petit peu d'argent. Et je pense que le fiancé de l'époque de ma sœur déportée nous a envoyé sa bicyclette, quelques effets dans une caisse, et nous a expliqué tout cela. En fait, mon père avait été informé, je ne sais comment, qu'il était menacé d'une arrestation. Et avec un peu de légèreté, je dois dire, il s'est déplacé de la banlieue de Toulouse, Colomiers, vers Lourdes où il a été arrêté.

Entre-temps, les gens qui sont venus l'arrêter à Colomiers, près de Toulouse, ont emmené ma sœur. Elle n'a pas su que mon père allait être arrêté, à son tour, un peu plus tard. Confusément, elle lui en voulait et, en même temps, elle croyait lui avoir sauvé la vie. Quand elle reviendra, elle sera très, très choquée d'apprendre que, en fait, mon père a été lui-même arrêté et que, dès le jour de son arrivée à Birkenau, il a été conduit vers la chambre à gaz. Il n'avait pas une santé excellente. Il ne pouvait pas servir d'esclave-travailleur. Voilà.

Le retour

Alors, quand ma sœur revient, elle fait partie des deux mille cinq cents rescapés sur soixante-quinze mille Juifs arrêtés et déportés depuis la France. Elle est revenue. Elle parle un peu. Je dis « un peu » parce que, pendant des années, ces déportés ont une chape de plomb, une impression qu'ils n'intéressaient pas vraiment. Et puis ils n'ont, peut-être, même pas réalisé eux-mêmes ce qu'il y avait de monstrueux [1] dans le fait qu'on les avait privés de toute humanité. Sur mon père, on apprendra petit à petit que, effectivement, il a été gazé dès son arrivée. On le saura par un des rescapés aussi qui, sans être de la famille, est une relation qui viendra

1. Les résistants rescapés des camps témoignent et sont considérés comme des héros, contrairement aux rescapés juifs.

dire ça. Ce qui fait qu'on datera la mort de mon père de février ou de mars 1943 et c'est à ce moment que je deviendrai pupille de la nation. Et on parle de tout ça. Mais on n'insiste pas sur les horreurs. Il faudra que j'atteigne l'âge adulte et même beaucoup plus tard, pour réaliser tout ce que ça représentait de souffrance et de douleur.

Je n'avais aucune idée concrète de ce qui avait pu arriver à mon père. Encore une fois, je suis à Loye-sur-Arnon, un village perdu du Berry. Il n'y a pas de journal ou, plus exactement, il y a un journal paraissant tous les quinze jours qui, je crois, s'appelle *Le Petit Nouvelliste du Centre* où on ne parle que des vaches qui ont vêlé et dont les veaux sont en vente, des informations de ce genre. Rien, rien, rien ne me parvient. Tout est abstrait pour moi. Tout m'arrivera dans la figure après la guerre, par paquets d'informations, comme ça, jetés comme des paquets de tempête.

Je me rappelle très, très bien la dernière fois que j'ai vu mon père : c'est quand il m'a raccompagné dans le Berry. Je ne peux pas le dater exactement. À mon avis, c'est au cours de l'année 1942. Je revois son image toujours très, très clairement. C'est sa voix qui a disparu. Et, encore une fois, je pense que… il y avait, entre mon père et moi un lien étrangement beaucoup plus fort qu'entre ma mère et moi. Mon père représentait le rêve. Et donc, le fait de prendre conscience petit à petit que je l'ai perdu… Une prise de conscience que je repoussais. Je veux dire que je faisais des vœux sur son retour à chaque étoile filante qui passait dans le ciel tout en me réjouissant, bien sûr, de ce que ma sœur était revenue. Dans mon esprit d'enfant, c'était assez étonnant que ma sœur, que je considérais comme fragile, ait pu revenir et que mon père que, à tort, je considérais comme fort ne revienne pas. J'ai mis très, très longtemps à accepter l'idée qu'il ne fallait plus l'attendre.

L'école républicaine

Le français est ma langue maternelle. Je suis né à Paris et j'ai même calculé que je n'avais pas été conçu dans le train, que j'étais sans doute la dernière occasion de rapprochement de mes parents… Le français me fascine comme il fascine, je crois, beaucoup, malgré tout, de petits immigrés. J'ai beau être né à Paris, je suis quand même un enfant d'immigrés. C'est une langue que j'aime, qui me paraît magique. J'ai une envie de lecture d'autant plus forte que la lecture est le seul moyen, non seulement d'éducation mais aussi de distraction à cette époque. La télévision n'est pas inventée. Nous n'avons pas de radio. Il n'y a pas de journaux. Bon. Le livre, quel qu'il soit, c'est toujours un objet magique pour moi. Les choses me paraissent naturelles. C'est ma curiosité individuelle. J'ai envie d'en savoir plus.

Il n'y a rien d'autre à faire dans ce petit village qu'à aller à l'école ou participer aux travaux des champs. Je me rappelle même, sur ce travail d'aide en marge du battage du blé, avoir gagné un jour un billet de cinq francs, cinq centimes aujourd'hui en francs courants ou constants, et avoir tendu bravement ce billet à ma mère alors que les paysans locaux, sans y voir malice, ça devait les faire rire, m'avaient saoulé à mort, et que je vomissais de tous côtés un vin rouge qui n'était pas de Bordeaux.

Nous devons tout à M. Renon, l'instituteur. Nous, c'est aussi bien les petits paysans qui m'entourent que moi-même. M. Renon, c'est un homme massif, au teint très coloré, qui est à la fois l'instituteur de la classe des enfants les plus âgés et le secrétaire de la mairie. Il ne se pose pas de débat théorique sur le point de savoir si l'instruction et l'éducation sont différentes. Il fait tout. Il instruit et il éduque. Il apprend à la fois à lire et à écrire correctement. Il apprend davantage puisqu'on est, quand même, préparés à un examen qui s'appelle le DEPP [1] qu'on passe à ce moment-là quand on

1. Institué par le régime de Vichy (1940-1944), le DEPP (diplôme d'études primaires préparatoires) se passait à l'âge de onze ans et donnait droit à l'entrée en sixième.

a onze ans. Et puis, il nous apprend aussi qu'il ne faut pas roter en classe ni faire des pets. Enfin, tout ce que notre famille, peut-être, ne nous apprend pas. Maintenant, encore une fois, il s'agit d'une éducation primaire. D'ailleurs, malgré tout, il ne peut pas s'empêcher d'être le père de son fils, même si c'est moi le premier de la classe. Quand son fils et moi serons reçus à l'examen d'entrée en sixième, qui existait à l'époque, il se trouve qu'il n'y a qu'une seule place vacante. Et c'est son fils qui l'aura. Mais un mois plus tard, une place se libère. Et, c'est comme ça que, dans l'hiver 1943-1944, je rejoins le collège de Saint-Amand-Montrond.

Quant à M. Galas, le principal du collège, c'est quelqu'un de beaucoup plus éduqué, cultivé que mon instituteur. Il est agrégé d'allemand ; ce qui, là encore, va jouer un grand rôle quand les Allemands vont occuper Saint-Amand-Montrond, en 1944. Après une action du maquis, le 6 juin 1944, il est pris parmi les otages. Mais cet allemand cultivé qu'il pratique va lui permettre de sauver beaucoup de vies et d'arranger beaucoup de choses. Alors, oui, je suis sous sa protection sans que ce soit explicite. Je me rappelle très bien, j'avais beau, en apparence, me considérer comme un enfant parmi les autres, faire partie de l'équipe de basket, chahuter, apprendre, j'étais… Peut-être un an plus tard, alors que Saint-Amand avait été libéré, on nous avait montré *La Marseillaise* de Renoir [1]. Et je me rappelle que j'en étais rentré complètement bouleversé, pleurant, à l'étonnement de mes camarades qui ne comprenaient pas pourquoi il y avait lieu de pleurer en voyant *La Marseillaise* de Renoir. Je me rappelle l'intervention de M. Galas demandant à mes camarades de me laisser tranquille. Donc, c'est une présence chaleureuse, bougonne parce qu'il est bougon avec tout le monde, mais généreux avec tout le monde aussi, et particulièrement avec moi. C'est vrai.

Ma mère était à la fois fière et inquiète de me voir entrer au collège. D'abord, il faut savoir que ma mère est quand même la seule mère qui demandait à son fils d'imiter une signature imaginaire pour signer son carnet de notes. Elle ne pouvait pas intervenir dans mon cursus scolaire. J'ai choisi en cinquième d'abandonner le latin parce que j'étais interne et que la cinquième moderne était mixte contrairement à la cinquième classique. J'avais déjà un goût prononcé pour les personnes de l'autre sexe. C'était ça, au fond, le seul héritage

1. Le film de Jean Renoir *La Marseillaise* est sorti en 1938.

paternel que j'avais recueilli. Ma mère ne se mêlait pas de ce que je faisais. Elle savait que j'étais bon élève. Ça n'allait pas bien au-delà. Et sa reconnaissance se manifestait quand j'étais en sixième par le fait qu'elle abandonnait toute sa cargaison de cigarettes – puisque tout le monde avait le droit à tant de café, tant de cigarettes, tant de sucre – à M. Galas. Ce n'est pas pour autant que M. Galas me protégeait. Mais comme c'était un grand fumeur, il lui était certainement reconnaissant de lui abandonner ses « Caporal » troupe.

Autour de moi, c'est assez curieux, ma mère, plus tard mes sœurs, on a toujours considéré que je devais faire des études, que je n'étais pas destiné à être tailleur, mécanicien derrière une machine dans un atelier de confection. Ça, ça allait de soi. J'étais le premier en français, premier en histoire, plutôt moyen ailleurs. Voilà, sans problème. J'étais bibliothécaire de mon collège. Grâce à M. Galas, j'ai été au théâtre quand j'étais élève de quatrième ou de troisième. Et la première pièce que j'ai vue, ce n'était pas n'importe quoi. À l'occasion d'un voyage à Paris où j'allais voir ma mère, il m'a donné une place pour *L'École des femmes* à l'Athénée avec Louis Jouvet, Jean-Louis Richard, qui deviendra le mari de Jeanne Moreau dans le rôle du jeune homme, et Dominique Blanchar, je me rappelle tout ça, dans le rôle d'Agnès. Et un décor merveilleux de Christian Bérard [1] : on voyait des lustres descendre du plafond. Il y avait un mur qui s'ouvrait et qui permettait tantôt de jouer les scènes à l'extérieur de la maison d'Arnolphe, tantôt d'être à l'intérieur. Tout était absolument magique pour moi.

---

1. Christian Bérard (1902-1949), peintre et illustrateur, a réalisé les beaux décors et costumes de théâtre de l'époque.

Un enfant caché

À mon avis, les autres élèves savaient que j'étais juif. Je recevais comme ça des coups d'une espèce de grande brute qui redoublait, je me souviens encore de son nom aujourd'hui. Il s'appelait Godechaud. Les autres étaient plutôt très, très gentils avec moi. Certains manifestaient même, vraiment, une solidarité protectrice autour de moi. Je me rappelle mon camarade Delorme, mon camarade Guennebaut, je me rappelle leurs noms... Évidemment, je me vivais un peu comme un proscrit qui avait à se protéger quand j'étais en sixième. Et puis, à partir de l'été 1944, Saint-Amand a été libéré, non pas le 6 juin comme l'ont cru un peu naïvement les maquisards qui ont occupé la ville pendant quarante-huit heures, mais, en tout cas, à partir d'août et après qu'a eu lieu le massacre de Guerry. Et là, je suis devenu, je ne dirais pas un héros, mais, par une sorte de balancement, tout ce qui jouait contre moi avant est devenu presque positif. En outre, j'avais la chance d'être, très jeune, un très bon basketteur, et la gloire sportive compte dans un internat.

Même après l'occupation de la zone libre en 1942 et le durcissement des mesures antijuives, je ne me suis pas vécu comme un enfant caché dans la mesure où je pense que si on avait vraiment voulu me protéger, on aurait dû me laisser dans le village. Le fait de n'avoir, dans un premier temps, pas eu de place à l'internat, n'aurait pas dû conduire ma mère, lorsqu'une place s'est révélée disponible, à m'envoyer là-bas. C'est dans le village que j'étais certainement le mieux protégé. Tout ça, encore une fois, est confus, et ne s'éclaira que rétroactivement. Mais c'est vrai : en sixième, j'étais certainement identifié comme un petit Juif. Il n'y avait d'ailleurs que deux Juifs quand j'étais en sixième, moi et ce garçon qui est en seconde, qui n'a plus aucun contact avec ses parents et qui sera jeté dans les puits de Guerry. Alors, après la Libération, arrivera un autre Juif qui, lui, deviendra célèbre. C'est Saul Friedländer [1], l'historien, qui est de passage et y restera un an ou deux.

---

1. Saul Friedländer, né en 1932, est un historien israélien spécialiste de la Shoah et du nazisme.

Mon lien avec le Berry ne s'est jamais complètement tranché. J'ai le souvenir très fort des gens qui ont eu avec moi une attitude généreuse. La plupart sont morts aujourd'hui. Je pense à M. Louis Vertot, un vieux syndicaliste. Je pense à un garçon qui était plus âgé que moi, Roger Bedouillat, à qui ma mère me confiait quand, sur la vieille bicyclette de ma sœur, j'allais à Saint-Amand après avoir passé un jour ou deux avec elle ou quand je revenais de Saint-Amand. Un jour, à la faveur d'une émission radiophonique « Carte blanche » [1], je suis retourné à Saint-Amand et j'y ai retrouvé la plupart de mes camarades, enfin, peut-être pas de l'école de Loye-sur-Arnon, sauf Roger Bedouillat qui n'était pas dans ma classe, mais qui était de Loye, mais des camarades du collège… Je dis toujours en plaisantant que je suis juif berrichon. Et je suis obligé de l'être au singulier parce que je ne crois pas qu'il y en ait beaucoup d'autres !

1. Il s'agit de l'émission « Bon plaisir de Georges Kiejman » par Vera Feyder, diffusée pour la première fois sur France Culture le 12 novembre 1994.

Le massacre de Guerry

Le 6 juin 1944, une poignée de jeunes maquisards, parmi lesquels il y avait d'ailleurs des collégiens, les frères May qui ont fini tragiquement, ne comprennent pas qu'une chose est de débarquer en Normandie, une autre de prétendre libérer le centre de la France, à savoir Bruère-Allichamps, tout près de Saint-Amand. Ils viennent donc occuper Saint-Amand. Et puis, bien entendu, ils n'ont pas l'armement ni même les effectifs pour garder cette ville. Et la milice qui est assez fortement implantée à Saint-Amand, aidée par quelques chars allemands ou automitrailleuses qu'on fait venir de Montluçon, disperse tout ça très, très rapidement. On en tue quelques-uns. On fait fuir les autres. Et, là, on brûle une ou deux maisons. Je me rappelle la librairie de M. Pivoteau, seule librairie de Saint-Amand-Montrond.

Il s'ensuit des relations hostiles et très complexes entre la milice et le maquis parce que le maquis enlève la femme d'un des chefs de la milice. Je crois que c'est la femme [1] de Lécussan [2]. Je n'en suis plus complètement sûr. Des contacts sont entrepris par le maire de Saint-Amand pour essayer de convaincre les maquisards de libérer leur otage. Tout ça crée une tension considérable. Les maquisards vont prendre conscience que, parmi eux, il y a un agent double. Pour l'obliger à se démasquer ou à se racheter, ils vont le conduire à tuer un Allemand à Bourges. Je crois que c'est le meurtre de cet Allemand qui va provoquer à nouveau des représailles. Et on va donc arrêter la cinquantaine de Juifs identifiés comme tels autour de Saint-Amand. On va les emmener près de puits désaffectés. Et, là, on les jette dans ces puits, on les recouvre de pierres. Ils meurent. L'un d'eux, pieds nus, comprenant qu'il n'a plus rien à perdre, part en courant dans la broussaille. À l'époque, les mitraillettes des miliciens sont moins précises que ne le seront les kalachnikovs. Il réussit à courir

1. Il ne s'agit pas de la femme du milicien Lécussan mais de celle du milicien Francis Bout de l'An.

2. Le milicien Joseph Lécussan, meurtrier de Victor Basch, est à l'origine du massacre des puits de Guerry.

haletant, à se dissimuler dans une ferme... Sans lui, on n'aurait peut-être jamais découvert les puits de Guerry. Donc il n'y a pas de doute, si j'avais été identifié parmi ces petits Juifs... Encore que ma mère m'avait déjà sorti du collège dès le mois de juin ; sentant que tout cela était très mauvais, elle avait demandé au facteur de me poser dans sa carriole et m'a rapatrié à Loye-sur-Arnon. Mais enfin, je pense qu'on aurait couru un risque réel, sérieux.

Ma mère avait un instinct très fort de ce qu'il faut faire. Ce qui est assez comique, c'est que, sur le moment, j'avais été promu au tableau d'honneur. J'avais eu les félicitations du conseil de discipline. Et on me les avait enlevées parce que j'avais quitté le collège avant la fin de l'année scolaire. Alors, avec le rétablissement de la légalité républicaine, on me rendra mes félicitations du conseil de discipline pour mon travail. Je raconte cela pour montrer à quel point, dans la tête d'un enfant, tout est anecdotique : ce qui est tragique, ce qui est heureux, tout est mêlé.

Alors, cette période de troubles autour de Saint-Amand-Montrond, elle a duré trois mois jusqu'à ce que toute cette partie de la France soit complètement libérée. Il y a, à Saint-Amand-Montrond, un régiment, je crois que c'est le premier régiment d'infanterie, qui est assez attentiste, au moins la personne de ses dirigeants, et qui, bien entendu, se rallie très vite.

La Libération

En 1944, la Libération, c'est quand même une grande joie. D'abord, je vais à Paris rencontrer ma sœur Liliane qui est arrivée à l'hôtel Lutetia… Enfin, elle est arrivée beaucoup plus tard. Elle n'a été libérée qu'en mai 1945. Car une poignée de femmes qui étaient d'Auschwitz-Birkenau ont été conduites à la frontière tchécoslovaque pour servir d'ouvriers de base dans une petite usine d'armement avec un petit camp à côté, si bien qu'elles… Bizarrement, Auschwitz a été libéré avant le 6 mai, au moment de l'arrivée des troupes russes. Mais elle n'a été vraiment libérée que le 6 mai 1945. Mais, enfin… Une quinzaine de jours plus tard, elle est à Paris. Et, évidemment, avec mon autre sœur, on va la voir. Ce sont des moments d'émotions intenses. Elle va venir à Saint-Amand-Montrond. Elle va retrouver ma mère. À l'époque, évidemment, on pleure, on se réjouit, on s'inquiète de mon père sur lequel on ne sait encore rien.

Ma sœur ne nous parle pas de ce qu'elle a vécu. Sincèrement, non. Aujourd'hui, elle est prête à en parler dans les moindres détails. Mais, à l'époque, non… Les petits garçons de douze ans n'ont pas le goût du malheur. Enfin, je ne le crois pas. Donc je sais très bien que, en parlant avec ma sœur, je n'apprendrai que du malheur…

J'ai toujours tout su et toujours voulu ne rien savoir

Tout ce qui s'est passé dans les camps, je l'ai appris par des sources d'information extérieures. Je ne l'ai pas appris, bizarrement, directement de ma sœur. Il y a quelques mois, elle a été appelée à témoigner. Une partie de son témoignage a été diffusée sur l'antenne de TF1. Elle en était très heureuse. Elle avait l'impression qu'elle avait fait quelque chose d'utile, qu'elle transmettait à ses neveux le souvenir de tout ça. Elle en parlait très bien, à la fois émue et sans grandiloquence. Je crois que cette parole libérée, pour elle, ça a été très important. Mais elle a été libérée des années plus tard, cette parole.

Je peux me reprocher de m'être longtemps protégé de toute information trop précise. Il faut savoir que la mort de mon père, c'est vrai, a provoqué une fracture qui ne s'est jamais consolidée et qu'à partir de là, j'ai toujours tout su et toujours voulu ne rien savoir. C'était aussi simple que cela… Je ne participe pas aux cérémonies commémoratives qui sont fréquentes. On me le reproche parfois. Je pense que la mort d'un père, dans ces conditions-là, est quelque chose de… (*Ému, il marque une longue pause.*)

J'ai lu, par exemple, le livre de Dominique Missika [1] où elle a interrogé beaucoup d'enfants dont le père, la mère, parfois les deux, avaient disparu dans les camps. Et ça crée une fragilité physique. Et une fragilité qui, je crois, ne peut pas se consolider par la suite.

1. Dominique Missika, *Le Chagrin des innocents : itinéraires d'enfants juifs de 1939 à 1947*, Grasset, 1998.

La fracture intérieure

Ici, on est dans le domaine de l'irrationnel. Un tas d'enfants perdent leur père pendant qu'ils sont très jeunes. Mais ce n'est pas la même chose parce que, confusément, non seulement l'humanité de votre père ou, pour certains, l'humanité de leur mère... Je pense à mon cousin germain, René Urtreger, dont la mère, la sœur de mon père, est également morte à Auschwitz. Ce n'est pas seulement qu'ils vous ont été enlevés à un âge où vous auriez eu besoin d'eux. C'est, encore une fois, que leur humanité est niée. Et la vôtre l'est, par la même occasion, à travers eux. Et je ne sais pas pourquoi cette fragilité s'installe. Mais je pense, par contre, qu'une fois qu'elle est installée, plus rien ne peut y remédier. Ça paraît absurde à mon âge d'être bouleversé par le seul fait de l'évoquer... Mais c'est comme ça. Je crois que ça ne m'est pas propre.

Quand je dis que leur humanité a été niée, je veux dire que ces gens qu'on a poussés dans la chambre à gaz, on les y a poussés comme des animaux à l'abattoir. On n'a absolument pas considéré, alors que tout ça était quand même organisé, fait par un des peuples les plus civilisés de l'Europe, on n'a pas considéré qu'ils étaient les frères, les sœurs humains de ceux qui les poussaient dans ce lieu d'extermination. Donc, je ne sais pas. Il y a un vertige qui vous saisit quand on… (*Il marque une pause.*)

Je pense qu'il y a une solidarité énorme entre les fils et les pères. Quand j'étais à Auschwitz [1], j'étais très reconnaissant aux gens, qui m'ont fait faire la visite d'Auschwitz, d'avoir été très discrets, de m'avoir, donc, mis à l'abri d'un raptus anxieux. Et, quand en sortant de la visite d'Auschwitz proprement dite, avant la visite de Birkenau – Auschwitz est composé de baraques qui ressemblent à de vieilles casernes de gardes républicaines, Birkenau

1. Alors ministre délégué aux Affaires étrangères, Georges Kiejman a fait un voyage officiel en Pologne au cours duquel il a rencontré Lech Walesa et des membres de son gouvernement. Le dernier jour, il a demandé à quitter la délégation à Cracovie où se poursuivait le déplacement officiel pour aller sur le camp d'Auschwitz, les officiels l'ont laissé avec discrétion et les responsables du camp l'ont accompagné pendant la visite.

n'est qu'un champ désert qui est presque plus impressionnant, d'ailleurs, sur le plan symbolique –, on m'a guidé en plein soleil et à deux pas de la potence où on pendait les gens qui avaient manifesté un peu d'indépendance, quand on m'a guidé vers un livre d'or, j'étais un petit peu ahuri. Ça ne me paraissait quand même pas le lieu de signer des livres d'or. Et puis, ces gens avaient été, encore une fois, si pleins de réserve, ce dont je leur étais reconnaissant. C'étaient les gardiens du musée qu'est devenu Auschwitz, ils ne connaissaient pas mon histoire. Et, donc, bon. Je me suis dit : « Ne faisons pas d'histoire. » J'ai marché vers le livre d'or. Et j'ai compris que j'écrivais « Pardon » et que je signais. Alors, j'ai fait deux pas. Et puis je suis revenu. Je me suis dit : « Pardon de quoi ? » Et j'ai ajouté : « Pardon d'avoir survécu. » D'une très mauvaise écriture. Et j'ai appris, par la suite, que c'était le réflexe de beaucoup d'enfants. (*Il interrompt un instant l'entretien.*)

Ce qui est extraordinaire, c'est qu'on puisse garder une telle émotivité en évoquant cela. Il y a un mot de Louis Guilloux [1], je crois, qui s'applique

1. Louis Guilloux (1899-1980), ami intime d'André Malraux et d'Albert Camus, était l'auteur des succès *Sang noir* (Gallimard, 1935) et *Le Jeu de patience* (Gallimard, 1949).

très bien à cette situation. Il dit : « On ne guérit jamais de son enfance. » Et je crois que c'est particulièrement vrai pour les enfants de déportés. Alors, on pourrait penser que, quand je suis particulièrement émotif aujourd'hui, c'est une sénilité précoce ; pas si précoce que cela… Mais non. Il y a une vingtaine d'années, j'ai été avec ma fille aînée qui, à l'époque, avait cinq ans au mémorial de Yad Vashem en Israël. Et j'étais dans cet état d'émotion insurmontable. Et je crois, encore une fois, que beaucoup d'enfants de déportés sont comme ça.

Je pense que la blessure est si profonde que, par exemple, j'avais été très, très malheureux quand Serge Klarsfeld, pour faire un bon mot, avait dit qu'on avait fait venir au ministère de la Justice un enfant de déporté, Robert Badinter, pour faire condamner Barbie, et un autre enfant de déporté pour empêcher que Bousquet soit condamné. C'était absolument monstrueux. Je connais les techniques provocatrices, parfois légitimes dans les buts mais pas dans les moyens, qui peuvent être utilisées par Klarsfeld. Mais c'était quand même monstrueux, d'abord parce que, dans les faits, ça ne m'a jamais été demandé bien sûr d'étouffer le procès de Bousquet [1]. Je l'ai dit et que je

1. « Me Serge Klarsfeld met en cause M. Georges Kiejman à propos du dossier Bousquet », *Le Monde*, 23 octobre 1990.

sois cru ou pas m'est égal. Ça ne m'a jamais été demandé. Mais, même qu'un autre fils de déporté puisse imaginer que quelqu'un dans ma situation ait pu se prêter à ça, c'était vraiment avoir beaucoup de mépris pour ce quelqu'un. Et analyser très peu, justement, ce que sont, encore une fois, selon moi, les sentiments de tous les enfants de déportés.

Alors pourquoi est-ce que, à la limite, les enfants de déportés sont plus émus par cette situation que les déportés eux-mêmes qui surmontent les douleurs passées ? Parce que les quelques rescapés parlent de leurs propres douleurs qu'ils connaissent clairement. Chez les enfants de déportés, c'est quelque chose de très confus qui s'est passé à un moment où ils n'avaient pas de recul, où tout était affectif et où, finalement, le deuil a toujours été impossible. Un enfant qui perd son père dans un accident de chemin de fer, qui sait que son père a souffert d'un cancer, il sait pourquoi son père est mort. Là, il y a une incapacité, mais totale, à trouver la moindre justification, la moindre explication de ce qui est, encore une fois, la négation même de l'humanité de ceux qu'on extermine. Et, à travers cela, la négation de l'humanité de ceux qui sont leurs enfants…

Les choses restent complètement mystérieuses pour moi. Alors, encore une fois, il y a une personne rationnelle qui se lève le matin, qui se brosse les dents, qui réfléchit sur les événements du monde, qui considère qu'il ne faut pas en vouloir au peuple allemand, qui, de temps en temps, apprend qu'un livre fait peser, quand même, sur les Allemands de cette époque, une responsabilité beaucoup plus vaste que celle qui pèserait uniquement sur le noyau des SS, qui n'a pas trop d'avis sur la question mais qui sent que, après tout, la question peut se poser. Et puis il y a la personne affective qui, elle, échappe à toute rationalité et qui, elle, ne veut ni ne peut comprendre.

Je ne pouvais pas pardonner

Des décennies plus tard, étant ministre, en voyage officiel en Pologne, je demanderai, à titre privé, d'aller à Auschwitz. Ma seule crainte sera précisément d'être attrapé par un spasme émotionnel, de ne pas être à la hauteur de ce que je représente ce jour-là, c'est-à-dire, même dans une visite privée, un membre du gouvernement français... Je veux dire que toute ma volonté sera là, ne pas manifester une émotion, une faiblesse quelconque.

Ce qui est curieux, c'est que je dis parfois que les Juifs se divisent en deux catégories, non pas, comme on le dit souvent, de manière un peu anecdotique : les Ashkénazes et les Séfarades. Mais ceux qui ont perdu véritablement un père, une mère, voire les deux, dans la tourmente nazie, dans cette espèce d'horreur, et les autres... Sur ceux qui ont perdu quelqu'un, s'est construite, à partir du vide, de l'absent, une sorte de solidarité indéfectible, c'est vrai, avec le destin du peuple juif. Par exemple, moi, la communauté juive me pense très souvent comme un mauvais Juif, et, pour de mauvaises raisons, parce que je souligne soit les malheurs du peuple palestinien, la nécessité d'avoir à leur égard une politique équitable, courageuse, soit pour d'autres raisons, parce que je n'ai aucune pratique religieuse et que, donc, je suis juif par le destin. Mais, comme l'ont souligné beaucoup d'autres, sans trop savoir ce que c'est que d'être juif en dehors de cette solidarité historique. Par contre, c'est vrai, par exemple, l'attachement à l'État d'Israël, que je ne me prive pas de critiquer, fût-ce dans des articles publiés dans des journaux, est tel que si l'État d'Israël disparaissait, je m'en sentirais complètement atteint. Et, parfois, moi qui critique violemment tel ou tel aspect de la politique d'un gouvernement israélien, je ne supporterai pas qu'un autre le fasse dans les mêmes termes que moi. Enfin, c'est très difficile. Donc, par ailleurs, c'est vrai que, dans mon cas… mais je suis sûr qu'on pourrait retrouver exactement des comportements semblables. On ne peut pas remplacer l'absence. C'est définitif. Mais on passe son temps à se trouver, sinon des pères de substitution, du moins des gens sous l'autorité desquels on se place. Alors, j'ai eu la chance d'avoir un instituteur remarquable, un proviseur de collège, on disait un principal à l'époque, formidable. Par la suite, j'ai eu un comportement qui montrait que, vraiment, je ne pouvais pas pardonner.

Par exemple, ma mère et moi rencontrions des difficultés matérielles énormes. Elle n'avait pas de métier. Elle vivait d'expédients. Moi, j'avais une bourse qui était un peu plus élevée que les autres. D'abord, c'était une bourse d'interne. Ensuite, une bourse d'étudiant qui n'était quand même pas énorme. Donc je faisais plein de petits boulots. Et les Allemands ont offert des indemnités aux victimes de la déportation. Ma mère ne pouvait pas faire les démarches elle-même. Encore une fois, elle devait préparer un formulaire. Je l'ai fait pour elle. Je me rappelle que je me suis disputé avec les fonctionnaires du consulat allemand, avenue Kléber. Et j'ai surtout refusé de le faire pour moi. C'était à la fois courageux et lâche. Courageux parce que c'était parfaitement normal que je ne puisse pas considérer qu'une indemnité financière allait compenser la perte de mon père. Et lâche parce que ma mère avait tellement besoin d'argent que… j'aurais pu lui apporter ce petit revenu supplémentaire. J'ai rusé. J'ai fait la demande pour elle. Je me suis refusé à la faire pour moi. Aujourd'hui, évidemment, je trouve que ce comportement était parfaitement naturel.

Des pères de substitution

Par la suite, j'ai rencontré plein de pères de substitution. J'ai fait des travaux manuels. Mais j'ai également été le précepteur de quelques élèves. Et le père de l'un d'eux a été pour moi un grand soutien : Jacques Saporta, je me rappelle très bien. J'étais aide-comptable dans son entreprise de confection. Ensuite, c'est lui qui m'a conduit, je ne connaissais personne dans le milieu professionnel des avocats, qui m'a permis d'en rencontrer un : René Moatti [1] qui a été très, très généreux avec moi. Par la suite, j'ai rencontré Pierre Mendès France qui a été véritablement, sans le savoir, mon père de substitution. Quelqu'un qui, pour la première fois, m'a donné le sentiment que j'étais intelligent parce que, après tout, le fait qu'on

1. Avocat d'origine juive algérienne, résistant gaulliste et député.

m'appréciait dans mon petit milieu, c'était très, très relatif. Mais quand Pierre Mendès France, qui était l'homme que nous révérions tous dans les années cinquante et que j'ai rencontré en 1962, m'a, en quelque sorte, adoubé sur le front de l'intelligence, c'était pour moi une étape décisive. D'ailleurs, pendant vingt ans, jusqu'à sa mort en 1982, Pierre Mendès France était pour moi la référence absolue. Ça peut paraître étrange, la manière dont on se construit. Je ne dirai pas du tout dans l'arrogance mais dans une forme d'agressivité, parfois, qui est le masque de cette fragilité. Et puis, les choses se déroulent.

Alors il faut vivre, quoi

D'abord, on se reconstruit parce que… on veut croire, et je crois, quand même, très fort, que tout ça a été une parenthèse sinistre dans l'Europe. Comment un des peuples, encore une fois, les plus civilisés de la planète a pu accepter consciemment, ou d'une manière semi-consciente, qu'on extermine des humains comme on l'a fait ? On veut penser que la parenthèse est refermée. C'est ce qui permet, encore une fois, de se rendre en Allemagne, ce que j'essaye quand même de faire le moins souvent possible, de continuer à vivre et de penser que l'humanité progresse. Elle a surmonté cette crise, mais il y a eu d'autres génocides. On peut discuter indéfiniment sur la spécificité du génocide des Juifs ou considérer que c'est un génocide parmi d'autres. Ce que, personnellement, je ne pense pas. Précisément, parce que les exterminateurs n'étaient pas n'importe qui. C'était quand même le peuple de Kant, de Goethe, de Mozart et de bien d'autres. Alors il faut vivre…

Moi, je crois que même si, aujourd'hui, j'ai l'air de ce que je suis… peut-être un bourgeois un peu affecté, une sorte de vieux dandy… je crois que mon goût pour les autres vient moins de la mort de mon père, soyons honnêtes, que de ma condition d'ancien petit pauvre. Là-dessus, je dissocie les choses. Quand on a eu une enfance et une adolescence extrêmement difficiles, on sait ce que sont non seulement le prolétariat mais le lumpenprolétariat, c'est-à-dire l'incertitude quant au lendemain. Et on ne guérit pas de ça non plus. Il n'y a pas que les blessures affectives très profondes, comme la mort du père, qui vous marquent. Moi, les larcins d'une femme de ménage ne me paraîtront jamais des délits parce que… je sais ce que c'est que la pauvreté. Et je pourrais citer plein d'exemples extrêmement concrets. Ce besoin d'aider les autres, il se développe dans la jeunesse par le choix d'un métier. Peut-être, d'une manière assez romantique, le métier d'avocat me paraissait, précisément, ce qu'on dit parfois, le métier du défenseur, de celui qui défend. Alors j'ajoute, pour introduire un peu d'humour : oui, je me voyais en défenseur des veuves et, surtout, des orphelines.

Mais enfin, il y a une volonté d'aider les autres. Il n'y a pas que ça, bien sûr. Il y a une ambition personnelle. Il y a une volonté de se réaliser. Tout ça est mêlé. Mais il y a un intérêt porté aux autres. Et ce qui relie peut-être, quand même, évidemment, la période atroce de l'occupation, du nazisme, de la mort d'un père à une activité d'adulte, c'est que cette situation matérielle très difficile, elle a, évidemment, été aggravée par l'absence du père. Ce n'est pas ça, sa conséquence la plus tragique. Mais disons que dans la vision d'un orphelin, il faut bien dire comme ça, d'un orphelin très pauvre, c'est une manière de se sauver soi-même que de vouloir aider les autres. C'est aussi simple que ça.

Voilà. Moi, j'assume très bien cette double qualité d'ancien petit Juif. D'ailleurs, je suis probablement resté pour beaucoup encore un petit Juif malgré l'âge. Petit, dans ce cas-là, n'est pas question de temps, et ancien petit pauvre. Oui, c'est ça. Et, d'ailleurs, l'ancien petit pauvre n'a jamais rien fait pour devenir riche, il a voulu sortir de cet état de pauvreté, il a acquis une forme de confort lié à son travail, à son mode de vie, mais, en même temps, il n'aurait pas aimé basculer du côté de la fortune. D'ailleurs, disons-le : dans mon entourage familial, certains considèrent que, avec la notoriété, aurait dû venir la fortune. Et ils ne comprennent pas très bien qu'elle ne soit pas venue. Moi, au contraire, ça me paraît tout à fait naturel. Je pense qu'il fallait à la fois se protéger de la pauvreté, et j'en suis sorti, et se protéger de la fortune qui est le monde de l'égoïsme.

L'après-guerre, des années de solitude

En 1945, ma mère retourne à Paris parce qu'elle va récupérer cette petite pièce unique dans laquelle, quelques années plus tard, je vais me retrouver avec elle. Moi, je reste à Saint-Amand-Montrond pour une raison très, très simple : c'est que nous n'avons pas d'argent et que j'ai une bourse d'internat. Et voilà… je reste interne au collège de Saint-Amand-Montrond. Je vais y rester jusqu'à la classe de seconde incluse. Je viendrai à Paris au lycée Voltaire en première, étant fatigué de Saint-Amand-Montrond. Et à ce moment-là, je partagerai cette pièce unique de quelques mètres carrés avec ma mère. Ce qui va rendre nos relations à la fois difficiles et, en même temps, inévitables.

Les enfants veulent être comme les autres. Donc, s'ils ont ce prétendu handicap d'être juifs du fait de l'histoire, du fait des malheurs du peuple juif, ils veulent à la fois se banaliser et se fondre dans le troupeau. Mais, à partir du moment où on est dans le troupeau, autant avoir l'air de les guider plutôt que d'être à l'arrière. Il m'est toujours paru que manier la langue française avec élégance, connaître l'histoire de ce pays qui était devenu le mien, et que je ressens comme étant profondément le mien, était très important. Et les choses se sont faites naturellement, tout à fait naturellement. Dire que je me sens comme un proscrit, ou que je me suis senti comme un proscrit, non. Ça serait..., ça serait exagéré. Mais encore une fois, peut-être par héritage paternel, le seul... Bon, il y avait un certain goût du brio, de l'élégance, de la séduction. Quand on n'a pas les moyens matériels de la séduction, mieux vaut acquérir les moyens intellectuels de la séduction. Je crois que c'est une des clés, quand même, des choses. Et puis, alors, la pauvreté me donnait quelques avantages, même vestimentaires, parce que, comme je portais les costumes des autres, évidemment, on me donnait des vêtements un peu usagés pour ceux qui me les abandonnaient, mais qui avaient été faits pour des gens qui, eux, avaient des revenus importants. J'ai donc toujours été un petit pauvre assez bien vêtu. Aujourd'hui, je crois toujours que mes costumes doivent être taillés sur mesure, que mes chemises doivent venir de chez un chemisier célèbre, Charvet, pour ne pas le nommer. Et donc, il y a toujours cette espèce de petite protection de l'apparence à laquelle je ne renonce pas.

Les années d'après-guerre étaient quand même des années de solitude parce que j'étais un peu enfermé dans ce mensonge permanent qui consistait à dissimuler, notamment à la faculté, les conditions matérielles de vie très difficiles qui étaient les miennes. Il faut savoir que je n'ai eu une chambre de bonne à moi qu'en troisième année de licence… À l'époque, deux baccalauréats, deux parties, puis deux premières années de licence ont été faites dans cette pièce minuscule où, ma mère pour se procurer un petit revenu supplémentaire, accueillait encore un demi-pensionnaire qui, pour deux mille cinq cents francs de l'époque par semaine, contribuait à l'équilibre alimentaire. Un homme qui s'était révélé un homme de cœur, beaucoup plus cultivé que ma mère et moi pouvions l'être, mais qui était chiffonnier de son état et qui, en plus, était atteint de psoriasis. Il avait une casquette qu'il enfonçait jusqu'aux sourcils, un pantalon qui n'avait pas deux poches comme tous les pantalons, mais des poches aux genoux, des poches partout, d'où il a sorti, un jour, une liasse de billets pour faire une avance qui m'a permis d'acheter les cours polycopiés de la faculté de droit. C'était quand même une vie, évidemment, que je ne tenais pas à étaler. Mais en même temps, au lycée Voltaire, je m'étais fait un ou deux amis solides – un en particulier qui, hélas, est mort depuis –, et qui me prêtaient des livres. Et ce n'étaient plus des livres genre Louis Dumur, *Nach Paris !*. C'étaient les premiers Scott Fitzgerald. C'étaient des choses qu'on commençait à pouvoir lire en France. C'était une vie, malgré tout, solitaire parce que l'argent c'est un moyen de communication. Je crois que Dostoïevski disait : « La monnaie, c'est de la liberté frappée. » Et pas de monnaie, c'est peu de liberté.

À partir de la première, j'ai été au lycée Voltaire qui, évidemment, n'était pas le lycée Janson-de-Sailly. À mon époque, il y avait une forte présence des jeunesses communistes à travers une instance qui s'appelait l'UJRF. Et j'aurais dû logiquement devenir, à mon tour, un jeune communiste. Juif et pauvre, tout m'y destinait. Voilà. Mais étrangement, ma mère qui avait si peu d'influence intellectuelle sur moi, a dû en avoir dans ce domaine une forte, car elle était, je ne dirai pas aussi méfiante à l'égard des communistes qu'à l'égard des nazis…, mais elle ne ressentait pas du tout le régime communiste comme un régime de liberté. Étrangement aussi, c'était mon sentiment diffus ; c'est-à-dire que j'étais de gauche quasi génétiquement, de toute évidence, j'étais pour la justice sociale. Mais je ne me voyais pas embarqué dans une organisation m'encadrant, autoritaire. Oui, je suis resté quelqu'un de solitaire, même sur un plan politique.

Je vivais dans une atmosphère qui n'était pas seulement pauvre matériellement, qui était très pauvre culturellement. Alors mes évasions, c'était la lecture de certains livres, c'étaient *Les Thibault* de Martin du Gard [1] empruntés à la bibliothèque municipale, c'était la lecture des bandes dessinées de *France-Soir*, « Le crime ne paie pas », « Les amours célèbres ». Rien qui puisse me permettre d'avoir une réflexion un peu construite. C'était une vie au jour le jour, malgré tout. Avec une direction générale, il fallait échapper à ce climat de pauvreté. Mais enfin, voilà. C'est pour ça, d'ailleurs, que je me méfie des lectures rétroactives de l'histoire. Pour en revenir à ce qui est l'objet de nos préoccupations, la réflexion sur l'horreur nazie, ses crimes et ses victimes… on savait peu de choses. On savait peu de choses dans mon milieu. On en savait,

1. Roger Martin du Gard (1881-1958), prix Nobel de littérature en 1937, est notamment l'auteur du roman en huit volumes *Les Thibault* (*La Nouvelle Revue Française*, de 1920 à 1940).

peut-être, beaucoup ailleurs. Mais dans ce milieu, pour beaucoup des rescapés et des familles de ceux qui n'avaient pas été sauvés, c'était la survie. C'était se nourrir, se vêtir et apprendre aussi. Et tout ça suffisait à m'occuper.

Vengeance et procès

Curieusement, je n'ai jamais été animé par un sentiment de vengeance. Trente ans plus tard… quarante ans plus tard, on m'a cité comme témoin au procès de l'assassin de René Bousquet [1]. L'avocat général m'a demandé si, moi, j'aurais tué Bousquet. Je lui ai dit : « En 1945-46-50… Je ne sais pas. Peut-être, je ne crois pas. » Mais enfin, peut-être que la question aurait pu se poser. Aujourd'hui, évidemment, non. Et c'est vrai. Je ne… J'aurais eu Eichmann en face de moi, je ne sais pas si je l'aurais tué ou pas. Je suis très choqué par les propos, les écrits d'Hannah Arendt sur Eichmann, sur la banalité du mal [2]. Mais une chose

1. Christian Didier (1944-2015), ancien chauffeur de stars, est connu pour avoir assassiné en 1993 René Bousquet, l'ancien chef de la police de Vichy.

2. Hannah Arendt, *Eichmann à Jérusalem. Rapport sur la banalité du mal*, Gallimard, 1966.

est d'être absolument convaincu de la culpabilité de tous ces gens qui ont participé à l'horreur concentrationnaire, à ces meurtres de masse, et, autre chose, en tant qu'individu, est de se dire qu'on aurait été, à son tour, capable d'un geste de vengeance individuel. Par contre, travailler à un monde où tout cela est dénoncé et travailler à un monde où on peut espérer, effectivement, que tout ça ne se reproduira pas, c'est aussi un comportement naturel, même si cette participation est modeste.

Quand j'avais été attaqué par Serge Klarsfeld qui me reprochait, très injustement, ou qui feignait de me reprocher d'avoir pu protéger Bousquet, j'ai eu des phrases que je considère comme un peu maladroites, qui ne sont pas, d'ailleurs, stupides en soi. On peut en discuter, mais enfin, je les regrette un peu aujourd'hui. J'ai dit qu'un procès n'était pas la meilleure manière, et en tout cas pas la seule, de reconstituer l'histoire. Le procès Papon m'a fait penser que j'avais tort, que, finalement, à l'occasion d'un procès, du débat contradictoire qui s'instaure, de l'audition, non seulement de témoins mais d'historiens, on peut quand même attirer l'attention de beaucoup de gens qui, sans ça, n'auraient pas porté leur regard et leur attention sur des événements qui méritent d'être médités, qui méritent de donner lieu à des réflexions. Non.

Je pense qu'aujourd'hui, oui, le mécanisme judiciaire est un des moyens, contrairement à ce que j'ai pu dire, un des moyens privilégiés, pas le seul, mais un des moyens de faire jaillir, quand même, un peu la lumière.

Quand j'ai été attaqué par Serge Klarsfeld, je savais peu de choses sur Bousquet. Pendant des années, je ne savais même pas que quelqu'un avec qui j'entretenais des relations amicales au Palais de justice, qui était un de mes confrères, était le frère [1] de Bousquet. Mais, encore une fois, ça s'explique par le fait que, dans les années de ma jeunesse, je n'avais pas de source d'information et que, à l'époque, on ne parlait pas de ça.

Je pense que Bousquet s'en serait tiré s'il avait été jugé pour des raisons qui tiennent aux mécanismes judiciaires. Ce que j'ai découvert, après avoir été, comme ça inutilement, accusé de l'avoir couvert, en me faisant communiquer la partie du premier procès de Bousquet en 1949 qui était relative aux Juifs, partie qui n'avait pas été évoquée pratiquement à l'audience, c'est que, en 1949, on aurait pu lui faire un procès sur le rôle qu'il avait joué dans la déportation des Juifs, et que ça a été

1. Louis Bousquet a plaidé pour Georges Kiejman devant la Haute Cour de justice.

complètement évacué de son procès. Il n'empêche qu'il y a un grand principe judiciaire qui est le « *non bis in idem*... », on ne peut pas être poursuivi deux fois pour la même chose. Et Bousquet aurait pu montrer, ses avocats avec lui, assez facilement que, après tout, on l'avait jugé en 1949. Et que, en 1949, les faits dont était saisi à l'époque le tribunal spécial, la Cour de justice, comprenaient sa collaboration avec les autorités allemandes. Des faits nouveaux, je crois, et j'en ai parlé parfois depuis avec des magistrats qui ont participé à l'instruction de ce deuxième procès, des faits nouveaux... on aurait eu beaucoup de mal à en trouver.

La réconciliation franco-allemande

On est double. Encore une fois, il y a quelque chose. Il y a le ça. Il y a l'affectif. Il y a l'instinctif en soi. Et ça, ça continue à bouillir, à être confus, à être douloureux. Et puis, il y a quand même l'être conscient. Je suis quelqu'un qui est, quand même, capable de comprendre que la réconciliation franco-allemande, c'est un progrès, que c'est précisément un des moyens d'éviter qu'on retombe dans l'horreur du passé. Ce jour-là [1], le jour où François Mitterrand et Helmut Kohl se sont pris la main, j'ai partagé, je crois, l'émotion des Français, juifs ou pas. Mais j'ai été beaucoup plus ému, c'est évident, lorsque Willy Brandt s'est agenouillé à Varsovie [2] que, quand dans un geste se voulant lui aussi théâtral, François Mitterrand et Helmut Kohl se sont

1. Le 22 septembre 1984.
2. Le 7 décembre 1970.

donné la main… Mais enfin, la symbolique de ces gestes m'est toujours apparue comme positive. Même si le geste de Willy Brandt qui s'est fait, paraît-il, détester par une partie de ses compatriotes à ce moment-là, était encore une fois, à mes yeux, beaucoup plus émouvant et significatif.

Le crime « d'indifférence »

Je ne crois pas aux responsabilités collectives. D'ailleurs, le crime dont une majorité de Français, ou une forte minorité, pourraient être coupables, ce n'est pas d'une participation, évidemment, à l'élimination des Juifs. C'est ce que j'appelle le crime d'indifférence. Personne n'a voulu voir. Mais... Je vous dirai que, à la limite, même Bousquet, enfermé dans son image d'intellectuel bourgeois, n'accompagnait certainement pas les petits Juifs qu'on mettait dans des wagons. Il n'allait pas à la gare. Et Papon, pas davantage. Et ce crime d'indifférence, c'est quelque chose qu'on pourrait retrouver, de manière moindre aujourd'hui, à l'égard des immigrés, à l'égard de ceux qui restent pauvres. C'est que l'on ne connaît pas l'autre. Et que, finalement, la seule manière de surmonter les haines, c'est toujours dans un progrès concret pour connaître l'autre.

Vichy, une parenthèse ?

Vichy n'a pas surgi dans le panorama politique à partir de rien. Il y avait un antisémitisme social de droite, complété par un léger antisémitisme, moins important, d'une forme d'extrême gauche, d'une forme d'anarchie qui confondait, effectivement, les Juifs et l'argent. Pétain, lui-même, n'a pas eu à se forcer beaucoup pour apposer sa signature sur le statut des Juifs et sur les très nombreuses lois antijuives qui ont été prises sous sa direction. Et, à mon avis, avec sa participation personnelle. Mais je pense que, précisément, oui, les Juifs ont vécu quelque temps sous la protection d'Hitler. Ce qui veut dire que, quand on a découvert l'horreur de ce qui s'était passé, chacun a eu honte, je l'espère, de l'antisémitisme qui avait été le sien jusque-là. Donc, beaucoup de gens étaient indifférents. Mais il y a également une forte minorité de

Français qui étaient merveilleux de solidarité et de risques pris pour sauver des Juifs. Ce sont ces gens-là, ce sont les Justes, comme on dit parfois en Israël, qui me paraissent plus importants que les autres. Ce sont ces évêques qui ont prêché. Ce sont ces protestants de Chambon-sur-Lignon. Voilà. C'est ça qui me paraît important.

Je préfère me souvenir de ceux qui m'ont aidé ou caché. Absolument. Et puis, je pense que, malgré les inquiétudes de la communauté juive aujourd'hui, il me paraît impensable que les choses se reproduisent. Par contre, je pense que les Juifs ont un devoir. C'est de comprendre que d'autres communautés peuvent se vivre comme exclues.

Est-ce que c'est la République, elle-même, qui a mis fin à Vichy ? Il faut quand même accepter l'idée que ce sont les troupes alliées, débarquant à l'ouest et au sud de la France, avec l'aide de la petite armée que de Gaulle, et ça n'a pas été un mince honneur, a réussi à préserver, qui ont permis le rétablissement de la légalité républicaine. Mais la République reste une grande chose. Et la République, à mon avis, est fondée sur l'école. Et c'est pour ça que, actuellement, les troubles que l'on connaît, notamment dans les banlieues, mais pas que dans les banlieues, me paraissent venir du fait que, de nos jours, les enfants, les jeunes n'ont pas cet accès à la fois chaleureux, complet, réconfortant que, autrefois, les gens comme moi ont pu connaître à l'école. L'école, sans que les enseignants en soient les responsables, n'est peut-être plus en mesure, aujourd'hui, de leur apporter cette aide décisive qui transforme des enfants perdus en citoyens.

« Nos ancêtres les Gaulois »

Être Français, ça m'est apparu assez vite naturel. Il m'est parfois arrivé de me dire, de manière un peu ricanante : « J'ai eu le statut d'un enfant dont le père était mort pour la France. » À la vérité, dans ces années-là, il était plutôt mort à cause de la France telle qu'elle était. Mais tout ça, encore une fois, a été corrigé, a été dissipé. À partir des années qui ont suivi la Libération, à partir de 1944-1945, je me suis senti de plus en plus membre de cette communauté française. Moi, je peux dire : « Nos ancêtres, les Gaulois » sans sourire. C'est comme ça que je le vis. Et même, je me suis amusé à démontrer que, à cause de la mère [1] de mes enfants

1. En 1983, Georges Kiejman a épousé Laure de Broglie. Pendant leur vie commune, un généalogiste a établi que Laure de Broglie descend de Saint Louis par la lignée des Maillé de La Tour Landry.

qui a, évidemment, une tout autre filiation que moi, mes enfants sont par des biais illégitimes, par la bâtardise, les descendants de Saint Louis, le roi peut-être le plus antisémite de tous les rois de France. Et c'est une idée qui m'amuse.

Transmettre

Je devrais avoir honte de le dire, mais je ne parle jamais à mes enfants de leur grand-père. Je pense que s'ils m'interrogeaient, je leur en parlerais évidemment. Mais, d'une part, j'ai toujours cette volonté très forte d'éviter aux autres tout ce qui peut les rendre malheureux. Et, finalement, mes enfants n'ont vraiment été confrontés à la déportation que quand leur tante, ma sœur, a fait cette petite intervention sur l'antenne de TF1, et que les rushes ont été montés dans une sorte de mini-témoignage comme ça… et qu'ils ont pu le voir. Mais ça a été pour eux, je crois, l'occasion d'une découverte. Et, sans doute, ça a été une émotion forte pour eux. Mais finalement, à moi, ils ne m'en ont jamais reparlé. Ce qui ne veut pas dire que ça ne les intéresse pas. Par exemple, je n'avais pas voulu voir dans les salles – parce que je savais que le cinéma rend sympathique ses héros, même quand ce sont des héros sombres –, je n'avais pas voulu voir le film allemand *La Chute* qui est consacré aux derniers jours d'Hitler [1]. Mais je n'ai pas résisté, évidemment, à la curiosité. J'ai acheté le DVD, je me le suis projeté. Je l'ai vu avec mon jeune fils. Eh bien, ça l'a fasciné. Et, même si on ne s'est pas tenu des discours, si on n'a pas eu des dialogues très élaborés, je sais que ça l'a beaucoup impressionné.

Il y a très longtemps, j'étais allé voir, avec ma fille aînée, *Au revoir les enfants* de Louis Malle [2]. Et je pense que, à l'époque, elle n'avait pas compris ce qui se passait. Il lui paraissait tellement impossible qu'on puisse, comme ça, emmener des enfants, les sortir de la communauté sans qu'ils accomplissent quelques fautes, que, par une réflexion, elle me montrait qu'elle était à la recherche de cette faute imaginaire. Elle ne voulait pas prolonger cette discussion. Encore une fois, je suis un très, très mauvais pédagogue. J'ai construit une espèce d'armure autour de mes fragilités. Voilà. Non, non. Je peux me faire ce reproche. Je suis d'une solidarité totale. Mais je transmets très peu.

---

1. *La Chute* d'Oliver Hirschbiegel, 2004.
2. *Au revoir les enfants* de Louis Malle, 1987.

Transmettre

Nous sommes tous doubles. À la fois, je ne tiens pas à montrer mes fragilités. Mon orgueil est de les dissimuler, et, en même temps, je sais très bien que c'est un devoir, qu'on ne peut pas parler d'un monde qui sera meilleur, qui sera construit différemment si on n'y apporte pas sa petite pierre ne serait-ce que par le témoignage. Alors, finalement, moi, je n'ai rien d'héroïque à offrir. J'ai simplement à dire. Voilà. Je suis porteur d'une douleur. Cette douleur est née d'une tragédie qui ne doit, à aucun prix, se renouveler. Et je fais partie de ceux qui viennent le dire. C'est tout. Je crois que ne pas transmettre est inadmissible. Ça ne veut pas dire que transmettre sera efficace. Mais il faut le tenter.

Quelques photos

Voici la photo de mon père tel que je ne l'ai pas connu. Il est avec un petit garçon qui est mon frère, que je n'ai pas davantage connu, parce qu'il est mort d'une septicémie avant ma naissance. Je suis une sorte de produit de remplacement de mon frère. Là, mon père était jeune, très jeune, alors qu'il avait déjà probablement passé la quarantaine quand je suis né.

Il s'appelait Alter. Ce qui peut vouloir dire en latin : « Autre. » En yiddish, cela voudrait plutôt dire : « Plus vieux. » Il n'était pas le seul à porter ce prénom à l'époque. Le père de Pierre Goldman s'appelait aussi Alter.

Ici, c'est un peu comme dans le mariage de Gervaise, avec nos plus beaux atours. Moi, car c'est de moi qu'il s'agit, ce petit garçon poupin, bien nourri avec des boucles. J'ai, à ce moment-là, à peu près trois ans, je suppose. On voit que ma mère est assez belle. Ma mère, que l'on appelait Berthe, s'appelait à l'origine Brandla qui peut effectivement se traduire par Berthe.

C'est ma mère photographiée chez un professionnel. Quand je vivais avec elle, on m'appelait parfois au téléphone. Et, comme il n'y avait évidemment pas de téléphone dans notre pièce unique, ça se passait par l'intermédiaire du marchand de bois qui était au rez-de-chaussée de l'immeuble. Sa femme, Mme Gachon, criait alors dans la rue de la Présentation à Belleville : « Téléphone pour le fils de Mme Berthe ! »

Je voulais écrire une nouvelle, que je n'ai jamais écrite et que je regrette de n'avoir pas écrite qui se serait appelée *Téléphone pour le fils de Mme Berthe.*

C'est ma photo de classe au collège de Saint-Amant-Montrond en 1944-1945. On y voit tous mes camarades. Je suis un petit Berrichon, très content d'être un petit Berrichon.

262228

Là, c'est mon père, un an à peu près avant son arrestation. La photo a été découpée mais j'étais à peu près vêtu comme lui. Ça devait être une de ses périodes de faste. Avec mon père, on passait d'une période de jeûne à une période de faste. Ce qui me fait penser que c'était une période de faste, c'est qu'il porte une robe de chambre et qu'il tient une cigarette orientale entre deux doigts. Comme on peut le voir, c'était un assez bel homme, conscient de l'être et probablement fasciné par la figure de Jules Berry qui était l'acteur qui lui ressemblait le plus. Ne serait-ce que par la passion du jeu.

Voici une photo très importante à mes yeux : ma rencontre avec Pierre Mendès France, en 1962. C'est la première fois que je participais à une campagne électorale. Il se présente à Évreux. Il y a, sur cette photographie, le maire d'Évreux, M. Mande, et bizarrement, deux journalistes américains venus suivre cette campagne normande. Parce que Pierre Mendès France est très célèbre et très estimé aux États-Unis. Dans ce petit groupe, il y a moi, sans moustache, gauchiste.

C'est la rencontre avec celui que je considère vraiment comme mon père de substitution. Pourtant, avec lui, je n'ai jamais eu l'occasion de parler, avec beaucoup de précision, de ce qu'avait été ma vie. Mais, comme toujours avec les gens que l'on aime et que l'on estime, on a l'impression qu'ils savent tout de vous, sans que l'on ait eu besoin de le leur expliquer.

Des amis communs avaient dû dire à Pierre Mendès France qui j'étais. Ce qui comptait, c'était cette parfaite compréhension, même dans les silences. Je me rappelle que, à cette période, on me prenait pour son fils illégitime, parfois pour l'un de ses fils légitimes. J'aimais beaucoup Bernard, un de ses fils, aujourd'hui disparu. Et j'ai gardé des liens d'amitié avec Michel qui ne s'offusquerait pas de cette fausse fraternité. Au final, c'était assez agréable pour moi de passer pour le fils, fût-il bâtard, de Pierre Mendès France.

C'est lui qui m'a confirmé que je pouvais jouer un petit rôle dans la vie politique et qui m'a surtout confirmé, ce qui n'était pas évident pour moi, que je n'étais pas complètement stupide. Pour moi, c'était capital.

Cette photo, c'est un peu le terme de vingt ans de fidélité à Pierre Mendès France, ce qui explique que je n'ai pas rejoint François Mitterrand au moment où il a pris d'assaut le Parti socialiste, l'ancienne SFIO. Ce qui comptait, c'était ma fidélité personnelle à Pierre Mendès France. Nous sommes en 1982. Il va mourir très peu de temps après, en octobre.

Mais là, on est tous heureux, sur les marches de l'endroit où il passe ses vacances à Montfrin. Il y a Laure, Laure de Broglie, la mère de mes enfants. Cette petite fille n'est pas une de mes filles. C'est une de ses camarades. C'est la fille d'Agnès b., Agnès ex-Bourgois, qui, à ce moment-là, était mariée avec le beau-fils de Pierre Mendès France. Tout le monde est heureux et on ne sait pas que l'on va le perdre quelques mois plus tard.

Pour François Mitterrand, j'ai éprouvé une amitié tardive et vice versa. Et cette amitié m'a souvent rendu heureux. Mais elle n'avait pas cette importance affective, cette importance fondamentale qu'avait ma relation avec Pierre Mendès France.

Cette photographie, je la regarde avec une certaine ironie. Je figure en haut. C'est une des nombreuses photos qu'on prend d'un gouvernement qui se crée. En l'occurrence, c'est le gouvernement de Pierre Bérégovoy. C'est un gouvernement dans lequel j'ai occupé ou, en tout cas, fait comme si j'occupais vraiment les fonctions de ministre de la Communication. Et, évidemment, nous sommes, en apparence, loin de Loye-sur-Arnon. Nous sommes loin des horreurs de la guerre. Mais en réalité, moi, je sais que nous en sommes encore très près.

Crédits des images

Toutes les photographies proviennent de la collection privée de Georges Kiejman à l'exception de celle de la page 131 :

© Pool Bassignac / Reglain / GAMMA RAPHO.

Cet ouvrage a été mis en pages par

<pixellence>

Achevé d'imprimer en août 2023
dans les ateliers de Normandie Roto Impression s.a.s.
61250 Lonrai
N° d'impression : 2302835
N° d'édition : 600425-0
Dépôt légal : septembre 2023

Imprimé en France